하루 딱 한 장으로

맞춤법 천재 되기

하루 딱 한 장으로 맞춤법 천재 되기

지은이 김남미
펴낸이 정규도
펴낸곳 (주)다락원

초판 1쇄 발행 2021년 10월 11일

편집총괄 최운선
책임편집 김유리
디자인 지완
일러스트 차차

다락원 경기도 파주시 문발로 211
내용문의 (02) 736-2031 내선 277
구입문의 (02) 736-2031 내선 250~252
Fax (02) 732-2037

출판등록 1977년 9월 16일 제406-2008-000007호

값 13,000원
ISBN 978-89-277-4771-0 (63700)

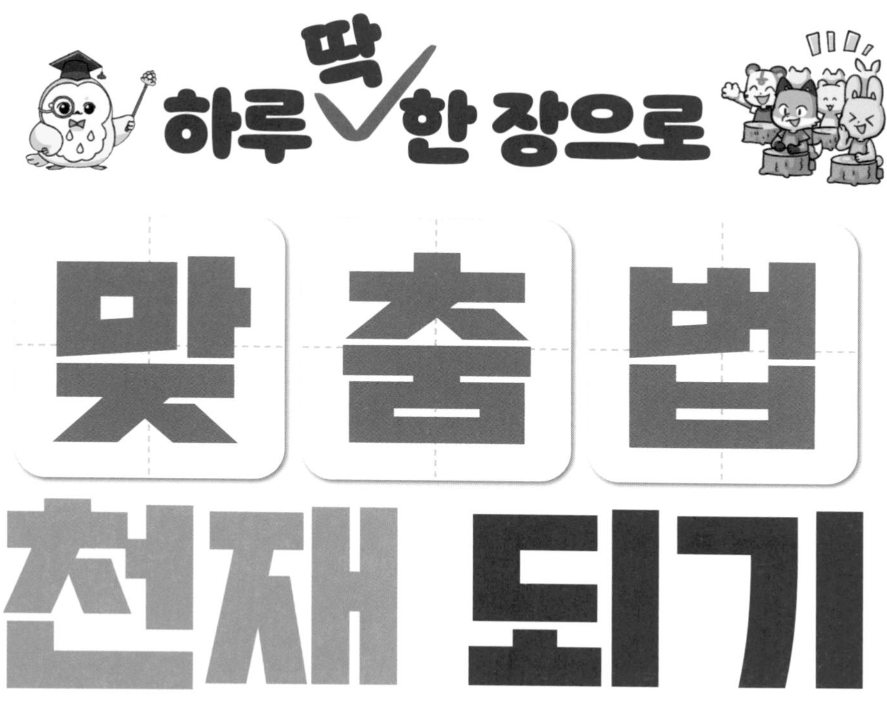
하루 딱 한 장으로
맞춤법
천재 되기

김남미 지음 | **차차** 그림

다락원

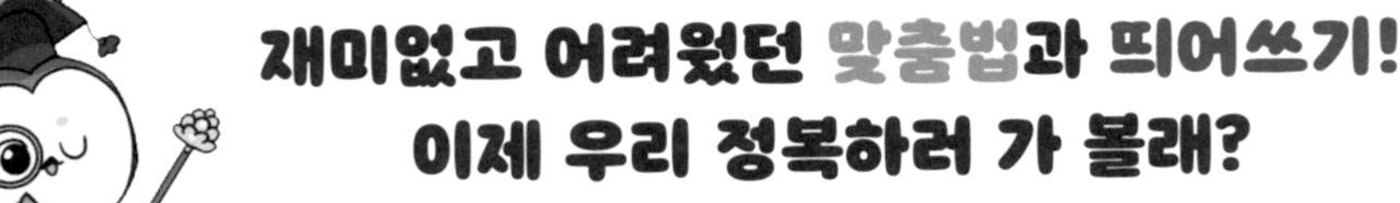

재미없고 어려웠던 맞춤법과 띄어쓰기!
이제 우리 정복하러 가 볼래?

『하루 딱 한 장으로 맞춤법 천재 되기』는 맞춤법 공부가 어려운 어린이 여러분을 위한 책이에요. 이 책은 하루에 딱 한 장씩만 풀면 그동안 헷갈렸던 맞춤법과 띄어쓰기를 정복할 수 있도록 구성했어요. 무작정 외우는 것이 아닌, 여러 가지 방법으로 반복하면서 자연스레 맞춤법을 익힐 수 있도록 만들었어요. 맞춤법을 공부할 때, '왜 그렇게 될까?'를 많이 생각하세요. 마구잡이로 외우는 것은 여러분의 뇌가 좋아하지 않는 방식이랍니다. '왜 그렇게 될까?'에 들어 있는 원리는 예가 바뀌어도 그대로 적용할 수 있다는 점도 기억하세요.

맞춤법 공부를 재미없다고 생각하는 어린이가 많더라고요. 그래서 여러분이 좋아하는 만화와 함께 공부할 수 있도록 재미있는 삽화도 넣었답니다. 한 장 한 장, 그렇게 60일 동안 풀다 보면 어느새 머릿속에 맞춤법의 원리가 쏙쏙 들어와 맞춤법 천재가 될 수 있을 거예요.

나의 말, 나의 글에 좀 더 관심을 둔다는 생각을 가지고 하루에 한 장씩 풀어 보세요. 이 책을 활용하는 친구들이 자신의 말, 자신의 글을 새롭게 바라보게 되기를 진심으로 바랍니다. 말과 글에 대한 애정을 풀어낼 기회를 주신 출판사 다락원과 김유리 편집자님께 깊은 감사의 인사를 전합니다.

저자 김남미

부엉이 박사가 알려 주는 이 책의 활용법!

이 책은 하루 딱 한 장씩, 60일 동안 연습할 수 있도록 구성되어 있어요. 다음의 순서로 활용해 보세요.

❶ 맞춤법의 원리를 꼼꼼히 읽어 보아요.

❸ 문제 풀기를 통해 한 번 더 복습해요.

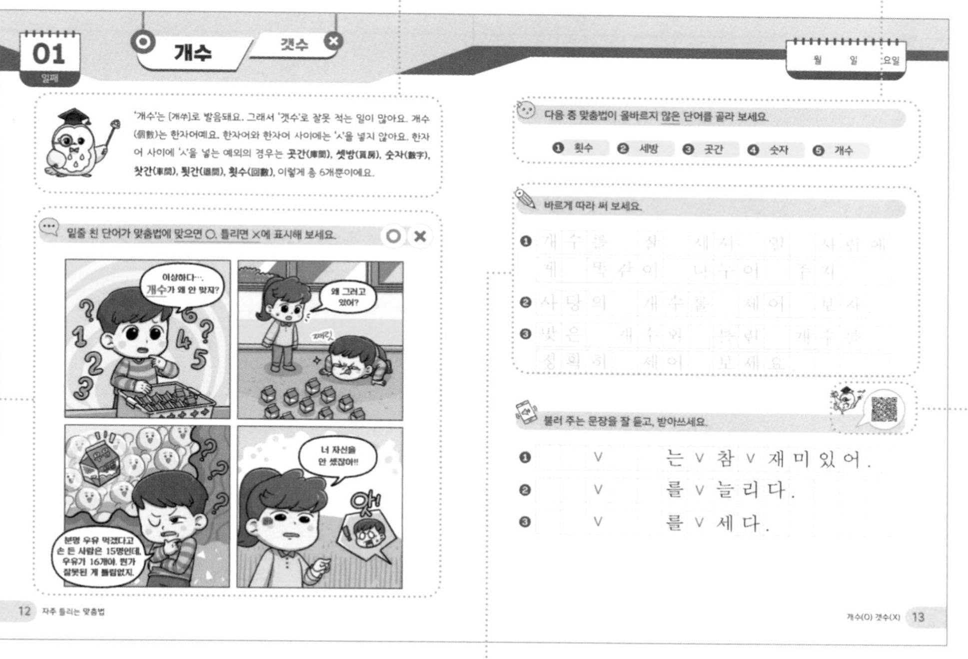
01 일째

개수 / 갯수

'개수'는 [개쑤]로 발음돼요. 그래서 '갯수'로 잘못 적는 일이 많아요. 개수(個數)는 한자어예요. 한자어와 한자어 사이에는 'ㅅ'을 넣지 않아요. 한자어 사이에 'ㅅ'을 넣는 예외의 경우는 **곳간(庫間)**, **셋방(貰房)**, **숫자(數字)**, **찻간(車間)**, **툇간(退間)**, **횟수(回數)**, 이렇게 총 6개뿐이에요.

밑줄 친 단어가 맞춤법에 맞으면 ○, 틀리면 ×에 표시해 보세요.

월 일 요일

다음 중 맞춤법이 올바르지 않은 단어를 골라 보세요.

❶ 횟수 ❷ 세방 ❸ 곳간 ❹ 숫자 ❺ 개수

바르게 따라 써 보세요.

불러 주는 문장을 잘 듣고, 받아쓰세요.

❶ ∨ 는 ∨ 참 ∨ 재미있어.
❷ ∨ 를 ∨ 늘리다.
❸ ∨ 를 ∨ 세다.

12 자주 틀리는 맞춤법

개수(O) 갯수(X) 13

❷ 재미있는 만화와 함께 퀴즈를 풀어 보아요.

❹ 오늘 배운 맞춤법을 생각하며 글씨를 바르게 따라 써 보세요.

❺ 스마트폰으로 QR코드를 촬영해 보세요! 선생님이 불러 주는 문장을 잘 듣고, 받아써 보세요.

열심히 푼 **문제의 정답**은 **154쪽**부터 찾아볼 수 있어요!

차례

열심히 공부한 날에는 책 맨 뒤에 있는 부엉이 스티커를 붙여 보아요!

학습한 날			어떤 맞춤법?	쪽수	열심히 공부했나요?
16일째	월	일	오랜만에 O 오랫만에 ✕	46쪽	부엉이 스티커를 붙여 주세요!
17일째	월	일	온갖 O 왼갖 ✕	48쪽	
18일째	월	일	움큼 O 웅큼 ✕	50쪽	
19일째	월	일	육개장 O 육계장 ✕	54쪽	
20일째	월	일	익숙지 O 익숙치 ✕	56쪽	
21일째	월	일	장맛비 O 장마비 ✕	58쪽	
22일째	월	일	폭발 O 폭팔 ✕	60쪽	
23일째	월	일	가르치다 **vs** 가리키다	64쪽	
24일째	월	일	갔다 **vs** 갖다 **vs** 같다	66쪽	
25일째	월	일	-개 **vs** -게	68쪽	
26일째	월	일	낫다 **vs** 낳다	70쪽	
27일째	월	일	무치다 **vs** 묻히다	72쪽	
28일째	월	일	바라다 **vs** 바래다	74쪽	
29일째	월	일	-박이 **vs** -배기	78쪽	
30일째	월	일	반드시 **vs** 반듯이	80쪽	

학습한 날		어떤 맞춤법?	쪽수	열심히 공부했나요?
31일째	월 일	배다 **vs** 베다	82쪽	부엉이 스티커를 붙여 주세요!
32일째	월 일	벌리다 **vs** 벌이다	84쪽	
33일째	월 일	부수다 **vs** 부시다	86쪽	
34일째	월 일	부치다 **vs** 붙이다	88쪽	
35일째	월 일	빗다 **vs** 빚다	92쪽	
36일째	월 일	섞다 **vs** 썩다	94쪽	
37일째	월 일	싸이다 **vs** 쌓이다	96쪽	
38일째	월 일	어떡해 **vs** 어떻게	98쪽	
39일째	월 일	업다 **vs** 엎다 / 집다 **vs** 짚다	100쪽	
40일째	월 일	왠지 **vs** 웬	102쪽	
41일째	월 일	웃옷 **vs** 윗옷	106쪽	
42일째	월 일	-이 **vs** -히	108쪽	
43일째	월 일	이따가 **vs** 있다가	110쪽	
44일째	월 일	잃다 **vs** 잊다	112쪽	
45일째	월 일	-장이 **vs** -쟁이	114쪽	

학습한 날			어떤 맞춤법?	쪽수	열심히 공부했나요?
46일째	월	일	저리다 vs 절이다 조리다 vs 졸이다	116쪽	부엉이 스티커를 붙여 주세요!
47일째	월	일	전통 vs 정통	120쪽	
48일째	월	일	짓다 vs 짖다	122쪽	
49일째	월	일	차마 vs 참아	124쪽	
50일째	월	일	간	128쪽	
51일째	월	일	같이	130쪽	
52일째	월	일	거야, 걸	132쪽	
53일째	월	일	만, 지	134쪽	
54일째	월	일	만큼	136쪽	
55일째	월	일	못 하다, 못하다	138쪽	
56일째	월	일	밖에	142쪽	
57일째	월	일	이다	144쪽	
58일째	월	일	큰 형, 큰형	146쪽	
59일째	월	일	터	148쪽	
60일째	월	일	한 번, 한번	150쪽	

1

자주 틀리는 맞춤법

01 일째

개수

'개수'는 [개쑤]로 발음돼요. 그래서 '갯수'로 잘못 적는 일이 많아요. 개수(個數)는 한자어예요. 한자어와 한자어 사이에는 'ㅅ'을 넣지 않아요. 한자어 사이에 'ㅅ'을 넣는 예외의 경우는 **곳간**(庫間), **셋방**(貰房), **숫자**(數字), **찻간**(車間), **툇간**(退間), **횟수**(回數), 이렇게 총 6개뿐이에요.

밑줄 친 단어가 맞춤법에 맞으면 ○, 틀리면 ×에 표시해 보세요.

다음 중 맞춤법이 올바르지 않은 단어를 골라 보세요.

❶ 횟수 ❷ 세방 ❸ 곳간 ❹ 숫자 ❺ 개수

바르게 따라 써 보세요.

❶ 개수를 잘 세서 열 사람에게 똑같이 나누어 주자.

❷ 사탕의 개수를 세어 보자.

❸ 맞은 개수와 틀린 개수를 정확히 세어 보세요.

불러 주는 문장을 잘 듣고, 받아쓰세요.

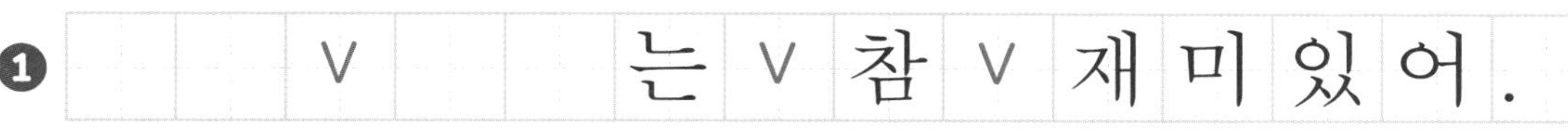

❶ V 는 V 참 V 재미있어.

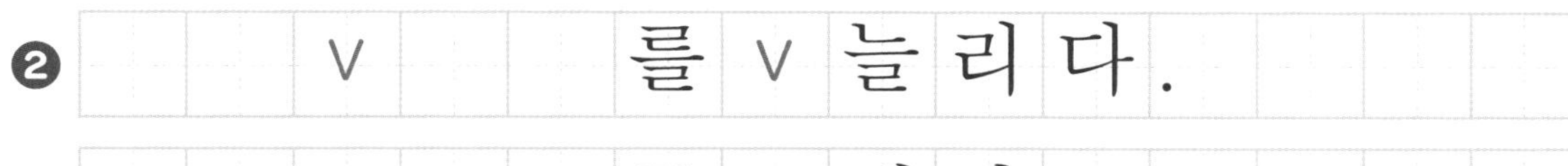

❷ V 를 V 늘리다.

❸ V 를 V 세다.

곱빼기 / 곱배기

곱빼기는 음식을 시킬 때 두 그릇의 몫을 한 그릇에 담은 분량을 말해요. [곱빼기]라고 소리 내고, '곱빼기'로 적어야 해요. '곱'은 '곱절, 두 배'의 의미고 '-빼기'는 '그런 특성이 있는 사람이나 물건'이라는 뜻을 더해 줘요.

 밑줄 친 단어가 맞춤법에 맞으면 O, 틀리면 X에 표시해 보세요.  

월 일 요일

□□ 안에 <보기>의 말이 들어갈 수 없는 낱말을 골라 보세요.

보기

빼기

1 뚝□□ 2 곱□□ 3 고들□□ 4 코□□ 5 밑장 □□

바르게 따라 써 보세요.

1 흥부가 아픈데도 놀부는 코빼기도 내밀지 않았다.

2 준현이는 늘 짜장면을 곱빼기로 먹는다.

불러 주는 문장을 잘 듣고, 받아쓰세요.

1 V 먹어 V 봤어?

2 V V .

3 V V .

03
일째

과녘

활이나 총 등을 쏠 때 표적으로 만들어 놓은 물건을 '과녁'이라 해요. '과녁을'이 [과녀글]이라고 소리 나는지, [과녀클]이라고 소리 나는지 확인해 보세요. '과녁을'은 [과녀글]이라고 소리 나요. 그러므로 뒤로 넘어간 'ㄱ'을 앞 받침으로 돌려서 '과녁'이라고 적어요.

밑줄 친 단어가 맞춤법에 맞으면 O, 틀리면 X에 표시해 보세요.

탁!
60점
야구다트 금지
잠깐 비켜 줄래?
스윽...
오~
착
팍
탁
3시간 전...
와, 어떻게 저렇게 잘해?
나는 어떤 과녁이든 맞힐 수 있지.
우와아 3000점!
찰칵
30점
후후훗
제발 돼라
으아아
사실 3시간 전부터 연습하고 있었지롱~

월 일 요일

다음 중 잘못 수정한 단어를 골라 보세요.

❶ 부억 → 부엌　❷ 남녁 → 남녘

❸ 과녁 → 과녘　❹ 새벽녁 → 새벽녘

바르게 따라 써 보세요.

❶ 멀리 있는 과녁을 맞히는 건 절대 쉽지 않아.

❷ 화살이 과녁에 명중했어.

❸ 양궁 선수들이 멋지게 과녁을 맞혀 금메달을 땄다.

불러 주는 문장을 잘 듣고, 받아쓰세요.

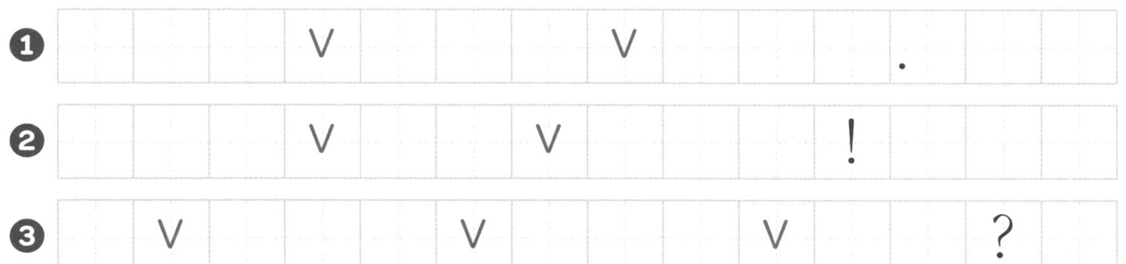

기울이다 / 기우리다

‘기울이다’ 안에는 ‘기울다’가 들었어요. 예를 들어 ‘마음이 기울다’에는 ‘마음이 어느 곳으로 모인다’라는 의미가 있어요. ‘기울다’에 ‘-이-’를 넣어서 ‘마음을 기울이다’로 만들면, ‘마음이 기울게 하다’라는 말로 ‘마음을 집중한다’라는 의미가 돼요. 따라서 ‘기울이다’로 적어야 ‘기울다’의 의미가 포함될 수 있어요.

밑줄 친 단어가 맞춤법에 맞으면 O, 틀리면 X에 표시해 보세요.

<보기>의 말과 의미가 통하지 않는 것을 골라 보세요.

보기

귀를 기울이다

❶ 집중하다 ❷ 잘 듣다 ❸ 진심으로 임하다

❹ 비뚤게 하다 ❺ 노력을 쏟다

바르게 따라 써 보세요.

❶ 정성을 기울여서 만들었어.

❷ 예린아, 귀를 기울여 봐!

불러 주는 문장을 잘 듣고, 받아쓰세요.

❶ 레고에 V V .

❷ 갓 V 데뷔한 V 가수에 V V .

❸ V V V .

05 일째

눈살

단어와 단어 사이에 'ㅅ'을 적을 수 있는 조건이 있어요. '○○의 ○○'이라는 의미고, 한 단어라도 순우리말이어야 해요. 또 뒷말의 첫소리가 된소리로 나야 해요. '눈살'은 '눈의 살'이에요. '눈'과 '살' 모두 순우리말이고요, 발음도 [눈쌀]이에요. 사이에 'ㅅ'을 적을 수 있는 말이지요. 그런데 '눈'에 이미 'ㄴ' 받침이 있으니 'ㅅ'을 적지 않는 거예요. 조건에 맞더라도 앞말에 받침이 있으면 'ㅅ'을 첨가하지 않고 뒷말을 된소리로 표기하지도 않아요.

밑줄 친 단어가 맞춤법에 맞으면 ○, 틀리면 ×에 표시해 보세요.

□ 안에 <보기>의 말이 들어갈 수 없는 낱말을 골라 보세요.

❶ 햇□ ❷ 눈□ ❸ 화□ ❹ 몸□ ❺ 찹□

바르게 따라 써 보세요.

❶ 날 바라보는 나은이의 눈살이 너무 따가웠어.

❷ 훈이는 늘 눈살을 찌푸려.

❸ 눈살 찌푸리면 주름 생겨.

불러 주는 문장을 잘 듣고, 받아쓰세요.

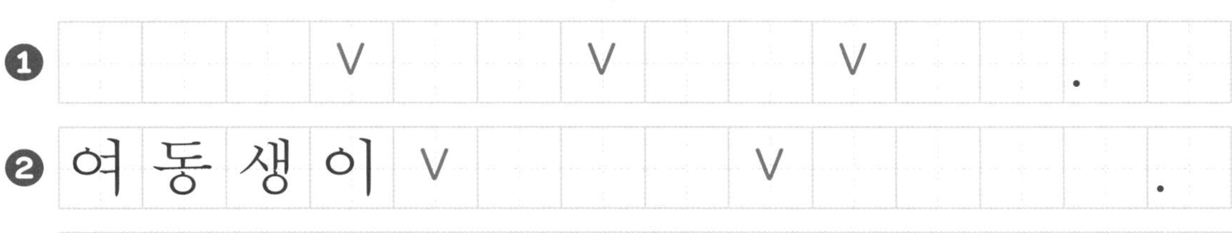

❶ V V V .

❷ 여동생이 V V .

❸ V V .

06 일째

발자국 / 발자욱

'발자국'은 '발의 자국'이라는 의미예요. '자국'은 '원래의 흔적'이라는 말이지요. 옛날에는 이 '발자국'을 '발자욱'이라 발음하기도 했대요. 하지만 지금은 그렇게 발음하지 않아요. '발'과 '자국'이 합쳐졌다는 것만 알면 표기가 '발자국'이라는 것을 금방 알 수 있어요.

밑줄 친 단어가 맞춤법에 맞으면 O, 틀리면 X에 표시해 보세요.

월 일 요일

<보기> 속 □□에 공통으로 올 수 있는 낱말을 골라 보세요.

보기

발□□ 칼□□ 눈물□□ 손톱□□ 핏□□

❶ 깎이 ❷ 갈이 ❸ 가락 ❹ 자국 ❺ 냄새

바르게 따라 써 보세요.

❶ 공룡 발자국을 찾아보자!

❷ 눈밭에서 토끼 발자국을 발견했다.

❸ 발자국을 따라가면 무언가를 발견할 거야.

불러 주는 문장을 잘 듣고, 받아쓰세요.

❶ V V V 물러나라.

❷ 팔에 V V .

❸ V V .

쉬어가기 1 길찾기

헨젤과 그레텔이 나쁜 마녀 때문에 과자 집에 갇혔어요!
과자 집을 탈출하여 무사히 집에 도착할 수 있도록
힌트를 보고 올바른 맞춤법을 찾아 미로를 통과해 보아요!

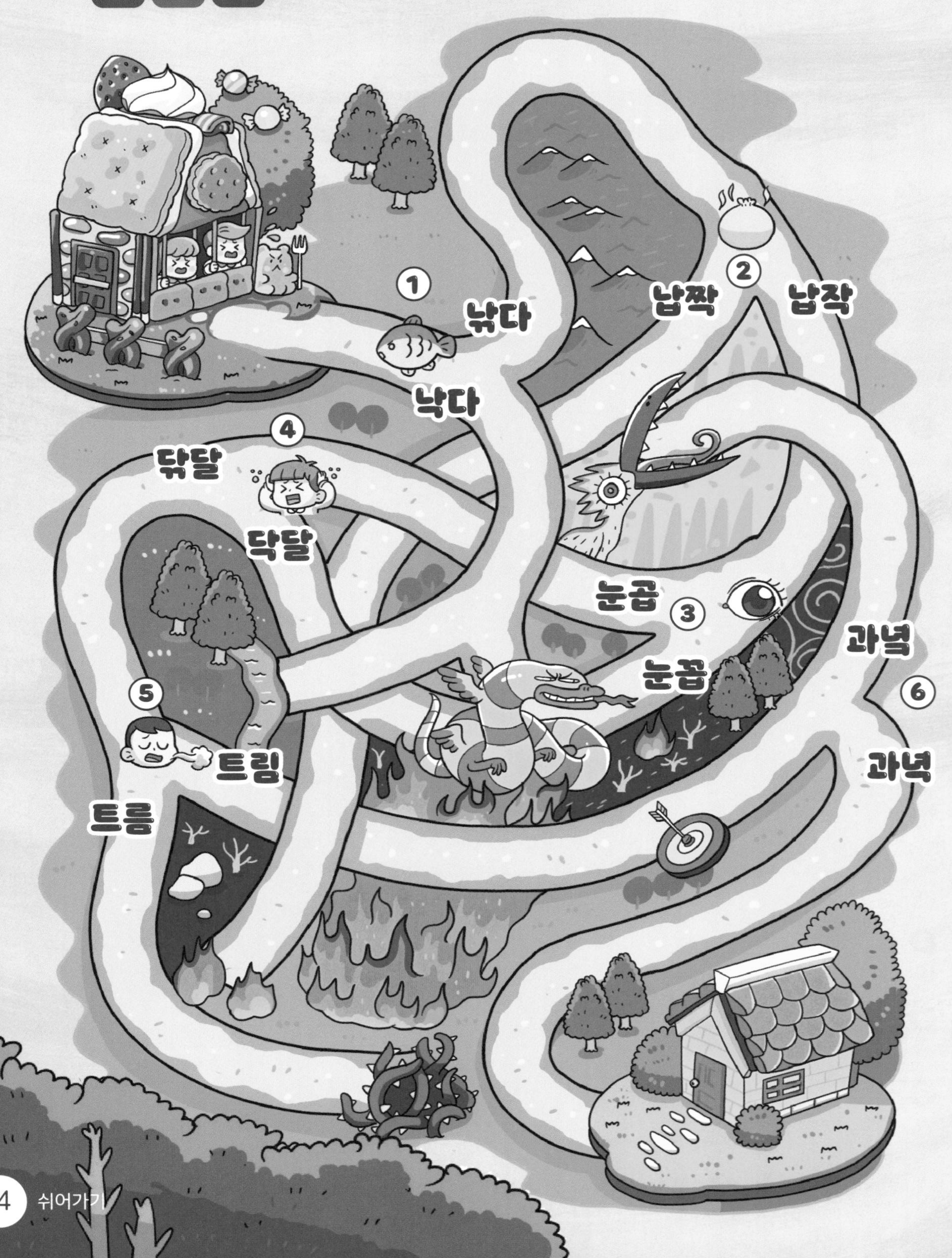

힌트
1 낚싯대로 물고기를 ○○.
2 만두가 아주 판판하고 얇은 것이, ○○하다.
3 아침에 세수 못 했니? 얼굴에 ○○이 있네.
4 과자 사 줄 테니까 ○○ 좀 그만해!
5 밥 먹을 때 ○○하는 건 예의가 아니야.
6 저기 있는 ○○을 맞혀 볼래?

방귀 / 방구

음식물이 배 속에서 발효될 때 나오는 무색 기체가 있어요. 바로 방귀예요. 이 '방귀'를 '방구'라고 쓰지 않도록 하세요. 600년 전의 책에도 '방귀'라는 단어가 나오거든요. 역사적 전통을 따른 맞춤법을 제대로 지키는 것이 좋겠지요.

밑줄 친 단어가 맞춤법에 맞으면 O, 틀리면 X에 표시해 보세요.

아우 냄새~
방귀 뀐 애 누구야!?
급식표
ㅋㅋ
웅성웅성
벌떡

안 봐도 뻔하네.
명수구나….
째릿
드르렁~
zzz

범인
휴…
휴, 다행이다.
사실 난데.ㅋㅋ
명수야 고맙다~

월 일 요일

□ 안에 <보기>의 말이 들어갈 수 <u>없는</u> 낱말을 골라 보세요.

❶ 까마□ ❷ 방□ ❸ 비둘□ ❹ 당나□ ❺ 글□

바르게 따라 써 보세요.

❶ 방귀 뀐 놈이 성낸다.

❷ 방귀 뀌다가 똥이 나왔다.

❸ 방귀를 뀐 건 내가 아니었는데 오해를 받았다.

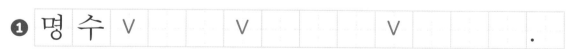

불러 주는 문장을 잘 듣고, 받아쓰세요.

❶ 명수 ∨ ∨ ∨ .

❷ ∨ 어떻게 ∨ 참니 !

❸ ∨ ∨ .

08 일째

 뵈요

'보다'와 '뵈다'는 다른 말이에요. '뵈다'는 이 말 앞에 놓이는 사람을 높이는 말이거든요. '뵈-'에 '-어요'가 붙을 때 줄여서 '봬요'라 적는 거예요. '되-'에 '-어요'가 붙을 때 '되요'가 아닌 '돼요'라고 적는 것과 같은 원리랍니다. 함께 기억해 두세요.

밑줄 친 단어가 맞춤법에 맞으면 O, 틀리면 X에 표시해 보세요.

다음 주까지 숙제 꼭 해 와!
저 평일에 시간이 진짜 없어요.

평일에 아무것도 안 하는 거 다 알아….
끄덕!

그럼 주말에 하면 되겠다. 그렇지?
안타깝지만, 주말에는 늘 할아버지를 뵈요.
하암

너희 할아버지 미국에 계시잖아!!!
Hi~

월 일 요일

□ 안에 <보기>의 말이 들어갈 수 없는 것을 골라 보세요.

보기
뵈
❶ □면
❷ □도
❸ □고도
❹ □더니
❺ □자
바르게 따라 써 보세요.
❶ 선생님, 주말 지나고 월요일에 봬요!
❷ 그렇게 먹으면 돼지 돼요.
❸ 수업 시간에 친구끼리 떠들면 안 돼요.

불러 주는 문장을 잘 듣고, 받아쓰세요.

❶ 할머니! V V V .

❷ V V .

❸ 친구를 V 놀리면 V V .

사귀다 / 사기다

'사귀다'는 서로 얼굴을 익히고 친하게 지낸다는 의미입니다. '사귀어라'를 줄여 '사겨라'라고 잘못 쓰는 경우를 조심하세요. '사귀- + -어라'를 '사기- + -어라'로 잘못 생각해서 잘못된 표기 '사기다'가 나온 거예요. '사귀고, 사귀니, 사귀어서'를 보면 '사귀다'라는 올바른 기본형을 생각할 수 있답니다. 이와 짝을 이루는 실수가 '바뀌다'와 '바끼다'예요. '바끼다'가 아닌 '바뀌다'라는 점, 함께 기억해 두세요.

 밑줄 친 단어가 맞춤법에 맞으면 O, 틀리면 X에 표시해 보세요.  

월 일 요일

아래 <보기> 단어들의 기본형을 써 보세요.

보기

사귀고, 사귀니, 사귀어서, 사귀니까,
사귀자면, 사귀더라도, 사귀자니까, 사귀면

기본형

※ 기본형은 바뀌지 않는 부분 뒤에 '**다**'를 붙이면 됩니다.

바르게 따라 써 보세요.

❶ 새로 사귄 친구는 어때?

❷ 우리 오늘부터 사귈까?

불러 주는 문장을 잘 듣고, 받아쓰세요.

❶ V V ?

❷ V V .

❸ V .

설레다 / 설레이다

'설레다'는 '기대로 두근거리다'라는 의미의 말이에요. 단어에 'ㅣ'가 들어가면 'OO게 하다'나 'OO를 당하다'라는 의미가 생겨요. 하지만 '설레다'의 의미에는 이런 뜻이 전혀 없으니 '설레이다'로 쓰는 것은 틀린 표기예요.

밑줄 친 단어가 맞춤법에 맞으면 O, 틀리면 X에 표시해 보세요.

다음 중 이를 삭제하지 않아야 오른쪽과 같은 뜻이 되는 단어를 골라 보세요.

❶ 개[이]다 흐린 날씨가 맑아지다.

❷ 조[이]다 느슨한 것을 단단하거나 팽팽하게 하다.

❸ 목매[이]다 어떤 일이나 사람에게 매우 의지하다.

❹ 헤매[이]다 어디로 갈지 몰라 이리저리 돌아다니다.

❺ 설레[이]다 기대로 두근거리다.

바르게 따라 써 보세요.

❶ 마음이 설레는 봄

❷ 누군가를 사랑하면 설레요.

불러 주는 문장을 잘 듣고, 받아쓰세요.

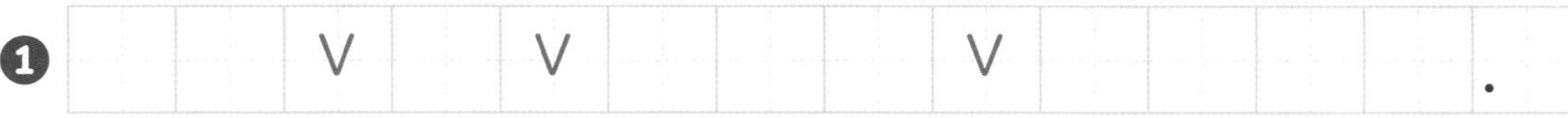

❶ V V V .

❷ V V V 뭘까?

❸ 너를 V 생각하니 V V .

○ 안성맞춤 / 안성마춤 ×

'안성맞춤'의 '안성'은 경기도에 있는 '안성'이라는 지역의 이름이에요. '맞춤'은 '쓸모에 딱 들어맞다'라는 의미지요. 옛날부터 안성 지역의 그릇이 품질이 좋아 전국 사람들의 마음에 꼭 들었다는 데서 나온 말이지요. '안성'과 '맞춤'의 의미를 표기에 그대로 나타내려고 '안성맞춤'으로 적는 거예요.

밑줄 친 단어가 맞춤법에 맞으면 ○, 틀리면 ×에 표시해 보세요.

어? 엄마, 저 옷 입어 보고 싶어요!

~XX%

피팅룸

너한테 너무 크지 않을까?

안 커요! 입어 볼래요!!

흠

낑낑

이 옷은 아무래도….

저한테 딱 안성맞춤이죠?

스륵

두둥

....!

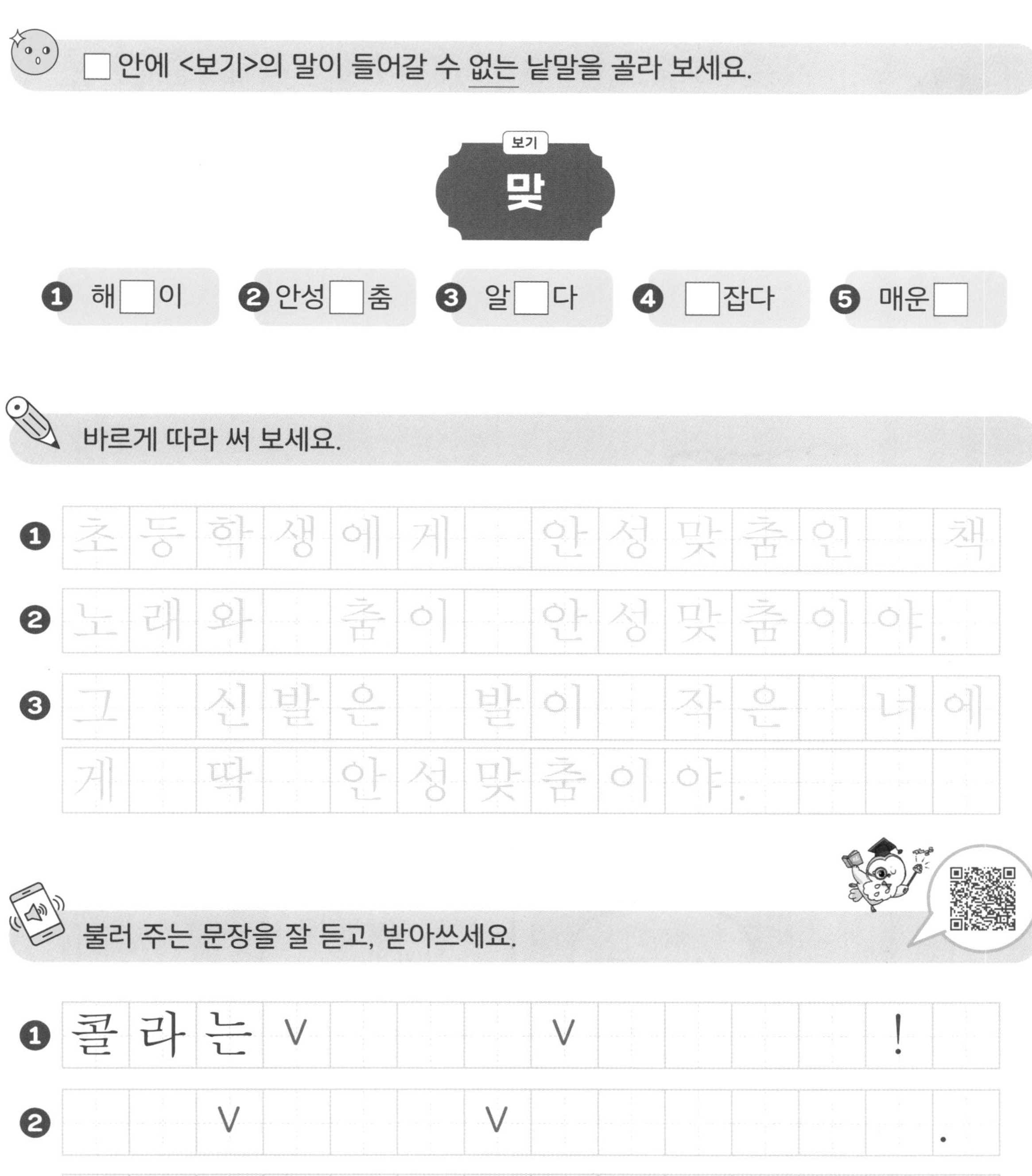

□ 안에 <보기>의 말이 들어갈 수 없는 낱말을 골라 보세요.

보기

맞

❶ 해□이 ❷ 안성□춤 ❸ 알□다 ❹ □잡다 ❺ 매운□

바르게 따라 써 보세요.

❶ 초등학생에게 안성맞춤인 책

❷ 노래와 춤이 안성맞춤이야.

❸ 그 신발은 발이 작은 너에게 딱 안성맞춤이야.

불러 주는 문장을 잘 듣고, 받아쓰세요.

❶ 콜라는 V V !

❷ V V .

❸ V .

어이없다 / 어의없다

너무 뜻밖이어서 기막힌다는 의미의 '어이없다'는 '어처구니없다'와 비슷한 순우리말이에요. '어이없다'를 한자어로 잘못 생각하는 사람들도 있어요. 한자어 '어의(語義)'라 생각해서 '말에 의미가 없다'라고 생각하는 거죠. '어이'를 '어의'로 쓰는 이런 어이없는 일이 생기지 않도록 해요.

밑줄 친 단어가 맞춤법에 맞으면 O, 틀리면 X에 표시해 보세요.

'어이없다'와 의미가 통하지 않는 것을 골라 보세요.

❶ 기막히다 ❷ 어처구니없다 ❸ 뜻밖이다

❹ 허무맹랑하다 ❺ 말뜻이 없다

바르게 따라 써 보세요.

❶ 나를 의심하다니, 정말 어이없어!

❷ 어이없어서 할 말도 없어.

❸ 오늘 학교에서 너무 어이없는 일을 겪었어요.

불러 주는 문장을 잘 듣고, 받아쓰세요.

❶ 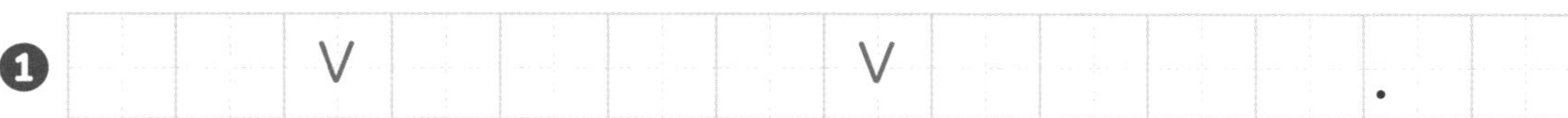

❷ 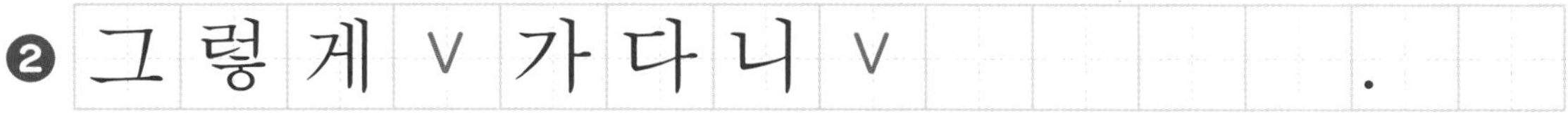

❸ 

쉬어가기 2 길찾기

숲속에서 길을 잃은 아기 곰이 안전하게
벌꿀을 찾도록 올바른 맞춤법을 찾아 도와주세요.

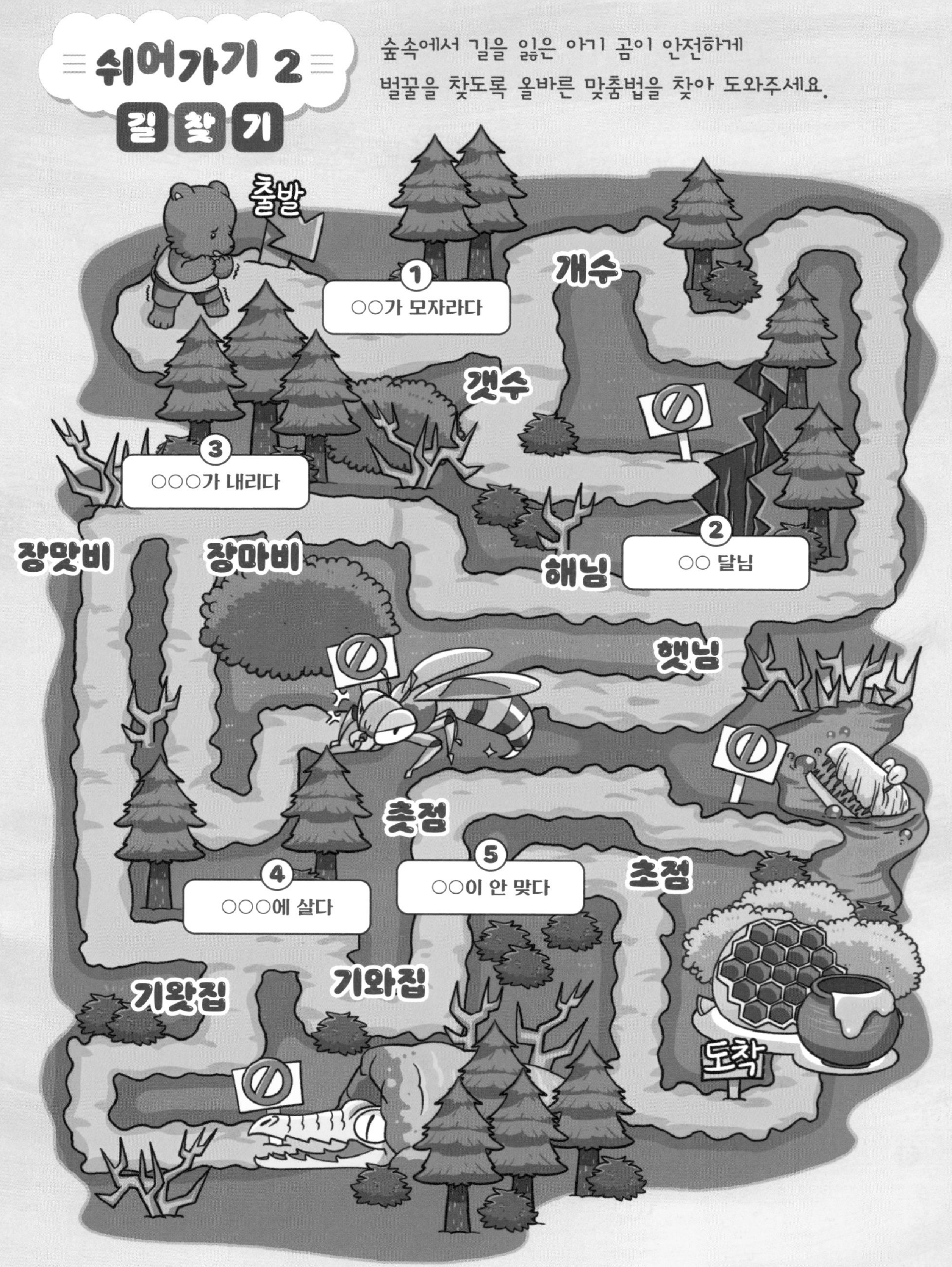

초성퀴즈

다음 만화 속의 초성을 보고,
아래 낱말 표에서 해당하는 말을 찾아 색칠해 보세요.

세나야! 이 모자 어때?
ㅇ ㅅ ㅁ ㅊ 이야?
응응,
너무 예쁘다.
영혼X

헐!? 진짜
ㅇ ㅇ ㅇ ㄷ.
너랑 헤어진 지
얼마나 됐다고.
파앗
하하
뭐야!!
건희 선배랑 한율이랑
ㅅ ㄱ ㅇ?
호호

안녕~
선배,
내일 ㅂ ㅇ!

지금 재 나 보고
콧 ㅂ ㄱ 뀐 거니?!
흥
쾅

안	성	맞	춤	니	사
성	아	베	참	는	겨
마	어	이	없	다	주
춤	의	레	뵈	방	귀
봬	없	리	요	구	고
요	다	사	귀	어	기

13 일째

엎지르다 ⭕ / 업지르다 ❌

그릇이 담겨 있는 액체 등을 뒤집어엎어 쏟아지게 한다는 의미의 말이 '엎지르다'예요. 이 말은 '엎다'에서 왔어요. '뒤집어엎다', '엎지르다' 모두 '엎다'의 의미가 있지요. 이 의미가 글자에 보이도록 적어야 하므로 '업지르다'로 적지 않고 '엎지르다'로 적는 거예요.

밑줄 친 단어가 맞춤법에 맞으면 O, 틀리면 X에 표시해 보세요.

밑줄 친 말을 바르게 고쳐 보세요.

큰일 났다.ㅠㅠ 엄마 핸드폰으로 만 원이나 결제해 버렸어.

결제 취소하면 되잖아!

취소가 안 돼…. 이미 업질러진 물이야.

업질러진 → ______________________

바르게 따라 써 보세요.

불러 주는 문장을 잘 듣고, 받아쓰세요.

역할 / 역활

'역할'은 한자어입니다. 여기서 '할'은 '할인, 분할'에 있는 한자로 '일정 정도를 나눈다'라는 의미지요. 이 '할'을 제대로 모르면 잘못된 표기가 생깁니다. '역활'로 잘못 적는 사람은 '생활, 활력, 활기'에서의 '활'이 쓰인다고 잘못 생각한 거예요. 다른 한자로 착각해 전혀 다른 의미로 이해한 거죠. 같은 한자를 쓴 말들 간의 관계를 보면 어휘를 더 정확히 알 수 있답니다.

밑줄 친 단어가 맞춤법에 맞으면 O, 틀리면 X에 표시해 보세요.

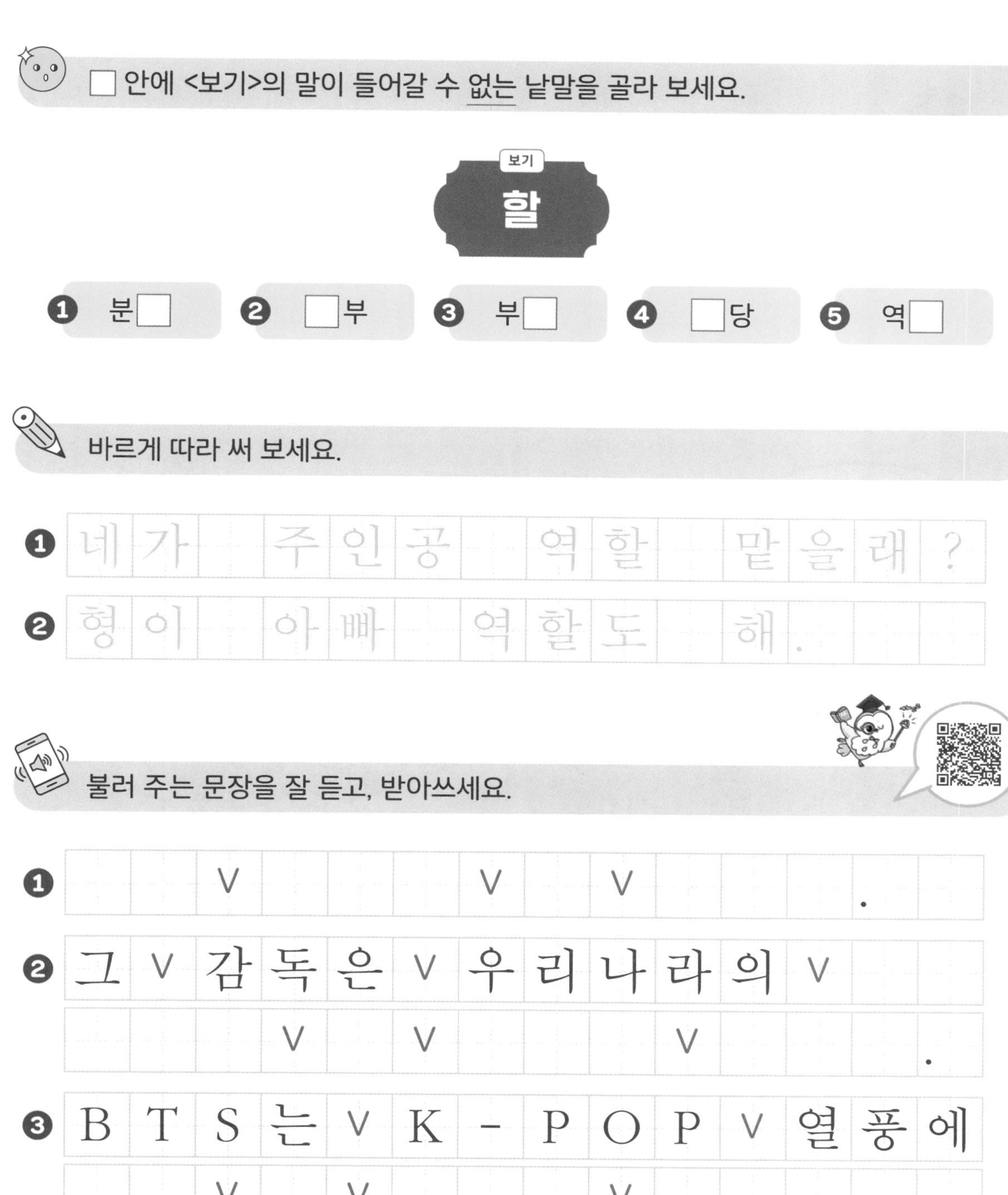

□ 안에 <보기>의 말이 들어갈 수 <u>없는</u> 낱말을 골라 보세요.

보기

할

❶ 분□ ❷ □부 ❸ 부□ ❹ □당 ❺ 역□

바르게 따라 써 보세요.

❶ 네가 주인공 역할 맡을래?

❷ 형이 아빠 역할도 해.

불러 주는 문장을 잘 듣고, 받아쓰세요.

❶ □□ V □□□ V □ V □□□.

❷ 그 V 감독은 V 우리나라의 V
□□□ V □□ V □□□□ V □□□.

❸ BTS는 V K-POP V 열풍에
□□ V □□ V □□□□ V □□□.

15 일째

연거푸 / 연거퍼

'연거푸'를 '연거퍼'라고 잘못 적는 경우가 있는데, 헷갈릴 때는 '거푸'라는 단어를 생각하면 돼요. '거푸'의 의미가 '잇따라, 거듭'이에요. 이 '거푸'라는 말 앞에 '연속'을 의미하는 한자 '연(連)'이 붙은 말이 '연거푸'거든요. '거푸'를 생각하면 '연거퍼'라고 잘못 적을 일은 없겠지요.

밑줄 친 단어가 맞춤법에 맞으면 O, 틀리면 X에 표시해 보세요.

밑줄 친 말을 바르게 고쳐 □ 안에 써 보세요.

아빠! 언제 와요? 벌써 경기 시작했어요!

이제 곧 도착해! 어떻게 되고 있어?

벌써 <u>연거퍼</u> 두 골이나 내줬어요. ㅠㅠ

이런! □□□ 두 골이라니…. 쉽지 않겠는걸?

바르게 따라 써 보세요.

❶ 연거푸 흉작이 들었다.

❷ 떡볶이를 연거푸 3일 동안 먹었다.

불러 주는 문장을 잘 듣고, 받아쓰세요.

❶ 아버지는 V V V V .

❷ V V V .

❸ V V V .

오렌만에 / 오랫만에

'오랜만에'는 '오래간만에'의 준말입니다. '오래간만에'에서 '가'가 없어지고 남은 'ㄴ'이 '래'의 받침으로 간 거예요. 본말을 생각하면 'ㄴ'을 적는 이유를 명확히 알 수 있어요. '오래간만에'와 '오랜만에'를 함께 기억하면 헷갈리지 않아요.

 밑줄 친 단어가 맞춤법에 맞으면 ○, 틀리면 ×에 표시해 보세요.  

<보기> 속 □ 안의 말을 줄여 한 글자로 써 보세요.

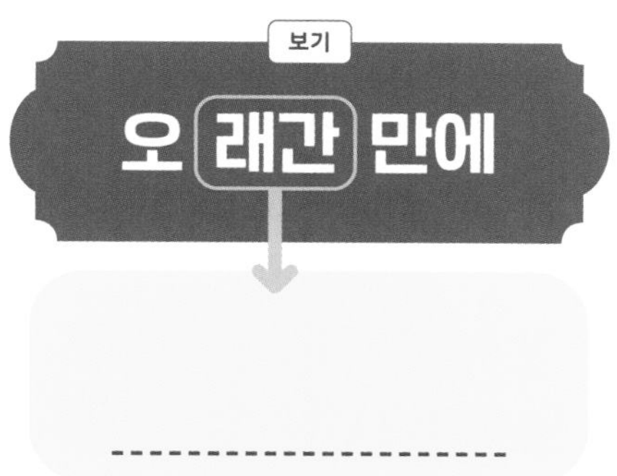

바르게 따라 써 보세요.

❶ 아저씨, 오랜만에 봬요.

❷ 오랜만에 승윤이를 만나요.

불러 주는 문장을 잘 듣고, 받아쓰세요.

❶

❷ V V V 기
분이 V 좋아.

❸ 삼촌을 V V .

17 일째

온갖  왼갖 

'온갖'은 '온 가지'의 준말이에요. '온'은 '백'의 순우리말인데 지금은 사라진 단어지요. '온갖'은 단어 안에 옛말이 남은 거예요. '갖'의 받침 'ㅈ'은 '가지'의 'ㅈ'이니 밝혀서 적어야 해요.

밑줄 친 단어가 맞춤법에 맞으면 ○, 틀리면 ×에 표시해 보세요.  

□ 안에 <보기>의 말이 들어갈 수 없는 낱말을 골라 보세요.

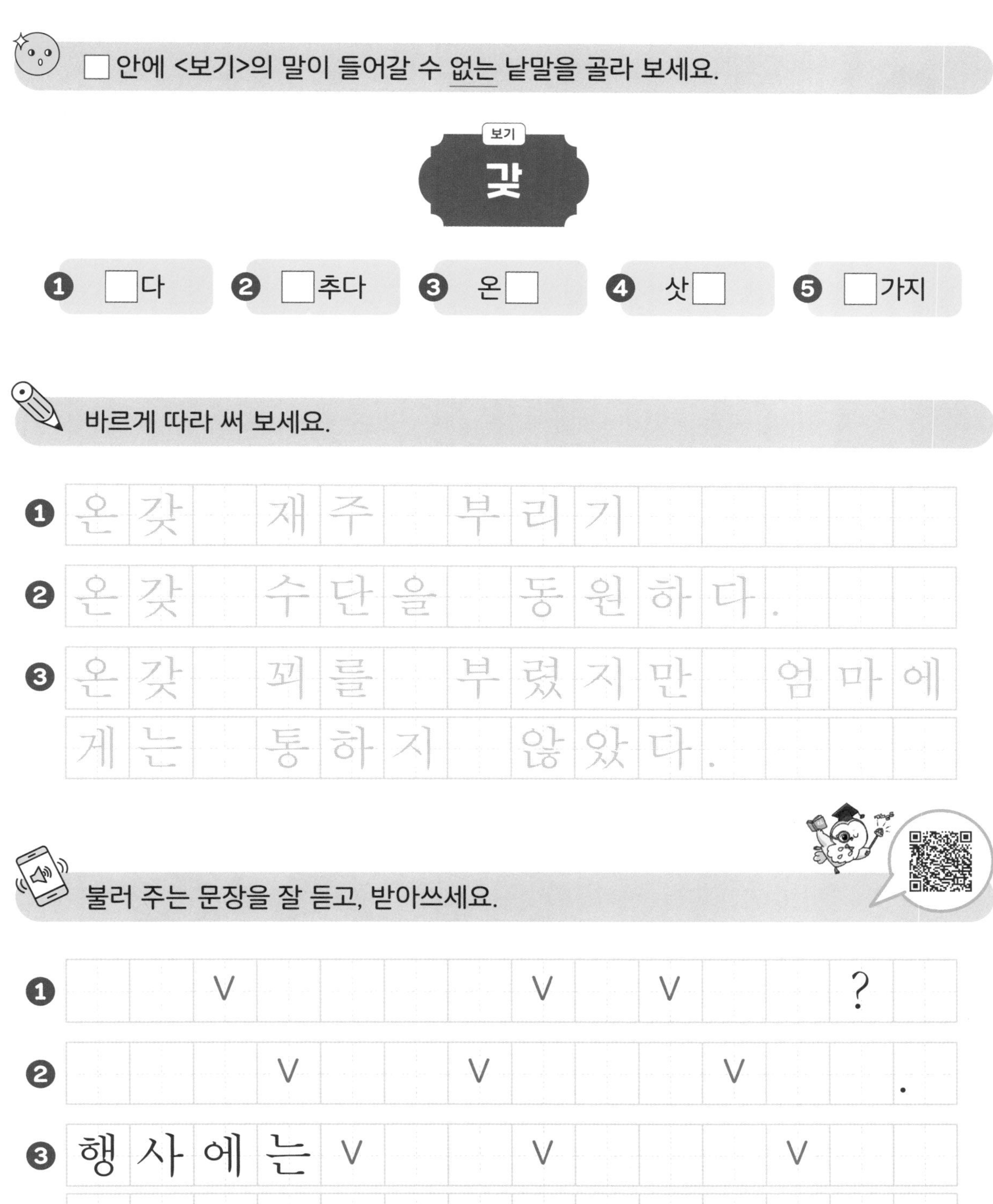

보기
갖
❶ □다
❷ □추다
❸ 온□
❹ 샷□
❺ □가지
온갖 재주 부리기
온갖 수단을 동원하다.
온갖 꾀를 부렸지만 엄마에게는 통하지 않았다.
행사에는

바르게 따라 써 보세요.

불러 주는 문장을 잘 듣고, 받아쓰세요.

18
일째

움큼

웅큼

'움큼'은 '분량을 세는 단위'예요. '손으로 한 줌 움켜쥘 만한 양'을 가리키지요. '움큼'은 '손가락으로 쥐어 잡는다'의 의미인 '움키다'와 연결돼요. 같은 의미는 같은 모양으로 적는다는 원칙에 따라 '웅큼'이 아닌 '움큼'으로 적는 거예요.

밑줄 친 단어가 맞춤법에 맞으면 O, 틀리면 X에 표시해 보세요.

딱 한 웅큼만….

사삭

내 차례에서 무너질 것 같은데?!

공 잡으러 가자! 달려!

쌩

퍽!

잡았다~

탁

와~ 흐흐흐! 우리 동점 맞지?! 나 하기도 전에 랑이가 부쉈잖아~

아오 저 호랑이…!!!

홱

으!

ㅋㅋ

월 일 요일

□ 안에 <보기>의 말이 들어갈 수 없는 낱말을 골라 보세요.

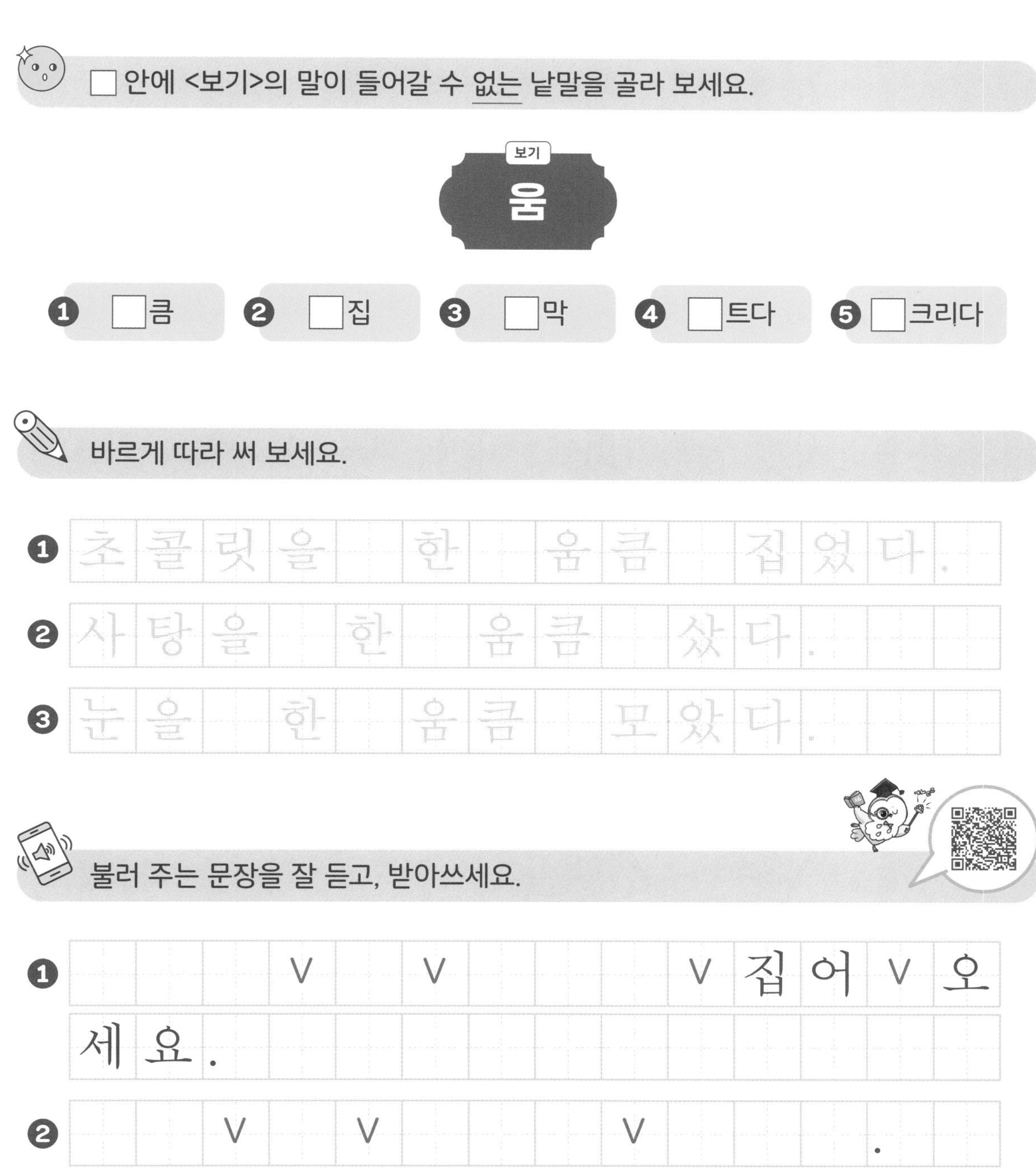

❶ □큼 ❷ □집 ❸ □막 ❹ □트다 ❺ □크리다

바르게 따라 써 보세요.

❶ 초콜릿을 한 움큼 집었다.

❷ 사탕을 한 움큼 샀다.

❸ 눈을 한 움큼 모았다.

불러 주는 문장을 잘 듣고, 받아쓰세요.

❶ V V V 집어 V 오세요.

❷ V V V .

❸ V V V !

쉬어가기 3 길 찾기

호랑이와 오리가 무사히 집에 돌아갈 수 있도록 맞춤법에 맞는 말이 적힌 돌을 색칠해 징검다리를 완성해 주세요.

초성퀴즈

다음 만화 속의 초성을 보고,
아래 낱말 표에서 해당하는 말을 찾아 색칠해 보세요.

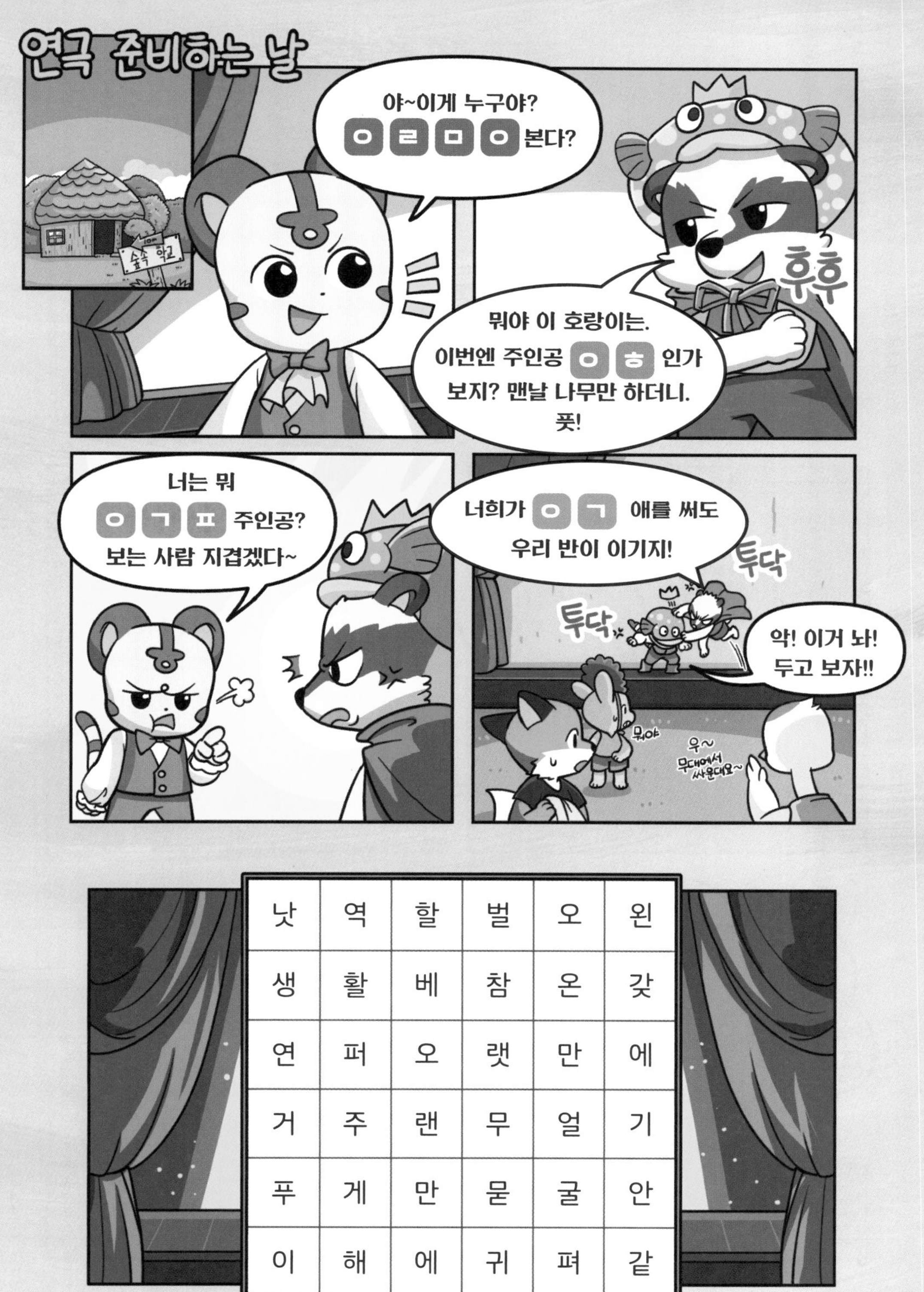

낫	역	할	벌	오	왼
생	활	베	참	온	갖
연	퍼	오	랫	만	에
거	주	랜	무	얼	기
푸	게	만	묻	굴	안
이	해	에	귀	펴	같

육개장

육계장

육개장은 쇠고기를 삶아서 알맞게 뜯어 넣고, 얼큰하게 양념하여 끓인 국이에요. 두 번째 글자인 '개'를 '닭 계(鷄)'로 오해해서 '육계장'이라고 잘못 쓰면 안 돼요. 육개장에는 닭고기가 안 들어가요. 소고기로 만들지요. 따라서 애초에 '닭 계'를 쓸 이유가 없답니다.

밑줄 친 단어가 맞춤법에 맞으면 O, 틀리면 X에 표시해 보세요.

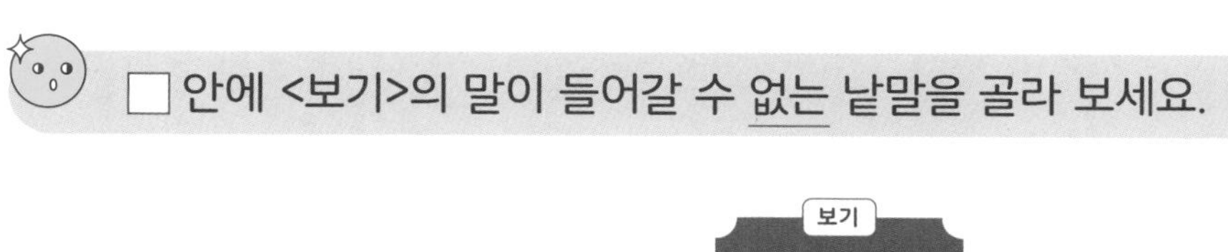

☐ 안에 <보기>의 말이 들어갈 수 없는 낱말을 골라 보세요.

① ☐단 ② ☐란 ③ 육☐장 ④ 삼☐탕 ⑤ ☐산기

바르게 따라 써 보세요.

① 육개장 너무 맛있어요!

② 이 육개장은 너무 매워.

불러 주는 문장을 잘 듣고, 받아쓰세요.

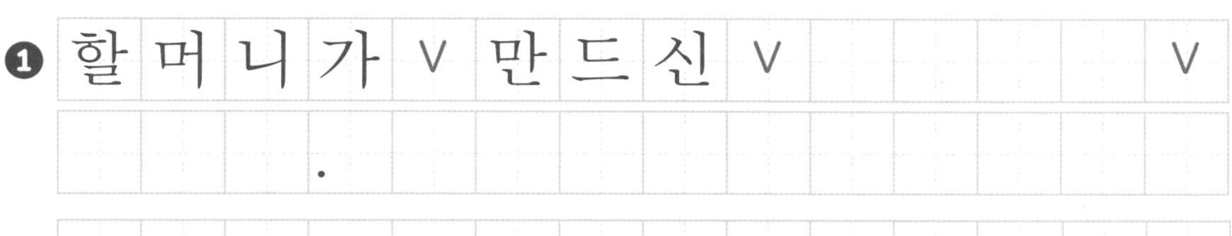

① 할머니가 V 만드신 V V
.

② V V .

③ 우리 V 엄마가 V 좋아하는 V 음식
은 V V .

익숙지 / 익숙치

'익숙지 않다'는 '익숙하지 않다'의 준말입니다. '하지'의 준말 표기는 '하' 앞에 오는 말의 받침소리에 따라 다르답니다. 받침의 소리가 'ㄱ, ㄷ, ㅂ'이면 '하'를 없애고 줄이면 됩니다. 예를 들어 '익숙하지'에서 '하' 앞에 오는 '숙'의 받침은 'ㄱ'이니 '하'를 없애고 '익숙지'로 줄이면 되는 거지요. 반면 '하' 앞에 오는 말의 받침소리가 'ㄴ, ㄹ, ㅁ, ㅇ'이면 'ㅎ'을 남겨 뒤 자음과 합쳐집니다. '대단하지 → 대단치'처럼요.

밑줄 친 단어가 맞춤법에 맞으면 O, 틀리면 X에 표시해 보세요.

하지 가 <보기>의 글자로 줄어들지 않는 낱말을 골라 보세요.

❶ 대답 하지 ❷ 익숙 하지 ❸ 답답 하지 ❹ 노력 하지 ❺ 떳떳 하지

바르게 따라 써 보세요.

❶ 영어가 익숙지 않아.

❷ 대답지 않는 이유가 있니?

❸ 나는 너처럼 대단치 않아.

불러 주는 문장을 잘 듣고, 받아쓰세요.

❶

❷

❸
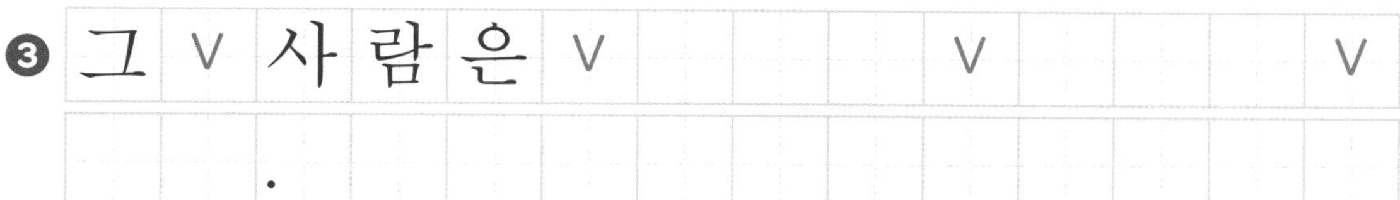

장맛비

장마비

'장맛비'는 '장마'와 '비'를 합친 말이에요. 단어 사이에 'ㅅ'을 넣어야 하는 경우지요. 앞뒤 말 사이에 'ㅅ'을 넣으려면 세 가지 요건을 지켜야 해요. 첫째, ○○의 ○○라는 뜻인가요? '장마의 비'니 맞네요. 둘째, 고유어가 하나라도 들었나요? '장마'도 '비'도 모두 순우리말입니다. 셋째, 뒷말인 '비'의 첫소리가 된소리인가요? [장마삐]나 [장맏삐]로 소리 나네요. 세 가지 요건을 지켰으니 '장마'와 '비' 사이에는 'ㅅ'을 적을 수 있는 거예요.

밑줄 친 단어가 맞춤법에 맞으면 O, 틀리면 X에 표시해 보세요.

다음 주까지
장맛비가 내릴
예정이며….
안 돼! 다음 주가
소풍인데!ㅠㅠ

우앵
가정통신문:
장마로 인해
소풍을 한 주
미룹니다.

다음 주
장마 기간이 길어져
이번 주에도 연이어
비가 내릴 예정입니다….
또 비야!?

소풍 당일
우르르릉
꽈광
붕
붕
쏴아아아
도대체 왜 자꾸
소풍날 비가 오는 거냐고!

다음 중 맞춤법이 올바르지 않은 단어를 골라 보세요.

❶ 장맛비 ❷ 촛불 ❸ 갯수 ❹ 등굣길 ❺ 기찻길

바르게 따라 써 보세요.

❶ 여름마다 장맛비가 오면 장화를 신어요.

❷ 등굣길은 늘 즐거워.

❸ 촛불이 꺼지지 않도록 계속 신경 써야 해.

불러 주는 문장을 잘 듣고, 받아쓰세요.

❶ ∨ ∨ 너무 ∨ 습해.

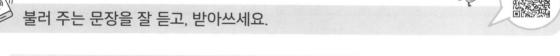

❷ ∨ ∨ 집에만 ∨ 있어요.

❸ ∨ ∨ 오래 ∨ 내려.

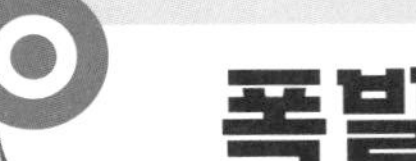

폭발

폭팔

'폭발'은 '불이 일어나며 갑작스럽게 터진다'는 의미의 말이에요. 폭발을 [폭팔]로 발음하기 쉬우니 조심하세요. '폭발'의 두 번째 글자 '발'은 '발사' 할 때의 '발'이에요. 이것을 '팔'이라 쓰게 되면 그 의미가 사라지게 된답니다.

밑줄 친 단어가 맞춤법에 맞으면 O, 틀리면 X에 표시해 보세요.

□ 안에 <보기>의 말이 들어갈 수 없는 낱말을 골라 보세요.

❶ 폭□ ❷ 신□ ❸ 재□ ❹ 출□점 ❺ 나□꽃

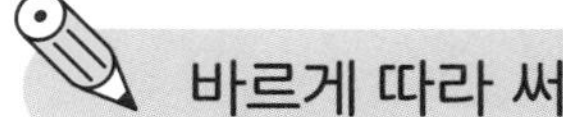

바르게 따라 써 보세요.

❶ 너 때문에 폭발 직전이야.

❷ 그 옷은 폭발적 인기를 끌었다.

불러 주는 문장을 잘 듣고, 받아쓰세요.

❶ 화학 V 물질이 V 반응하여 V V V .

❷ BTS에 V 대한 V 세계의 V 반응은 V .

❸ V .

알면 재미있는 맞춤법 이야기 1

짜장면? 자장면?

여러분은 중국집에 가서 주로 어떤 음식을 주문하나요?
짜장면, 짬뽕, 볶음밥, 탕수육 등 정말 다양한 메뉴가 있는데요,
이번에 우리가 이야기할 음식은 바로 '**짜장면**'이에요.

'짜장면'은 고기와 채소를 넣어 춘장과 함께 면에 비벼 먹는 요리예요. 생각만 해도 군침이 도나요? 지금 우리는 이 '짜장면'을 당연하게 '짜장면'이라 쓰고 발음하지만, '짜장면'이 표준어로 인정받은 건 불과 10년 전이에요. 그 전까지는 '자장면'만 맞는 말이었어요. 예전 국어학자들은 한국어의 된소리 현상이 언어 순화를 막는다고 생각하여 가능하면 단어에서 된소리를 쓰지 않기로 했어요. 그래서 '짜'가 아닌 '자'로 표기하여 '자장면'이 표준어로 쓰인 거예요. 하지만 사람들 사이에서 '짜장면'은 [짜장면]으로 훨씬 더 많이 발음되잖아요? 그래서 많은 사람이 '자장면'이라는 표기에 대해 항의했답니다. 결국 맞춤법을 정하는 기관에서는 '짜장면'에 대한 사람들의 생각을 받아들였고 2011년부터 '짜장면'과 '자장면' 모두 맞는 표기로 인정하게 된 것이랍니다.

2

알쏭달쏭 헷갈리는

맞춤법

가르치다 vs 가리키다

'가르치다'는 '교육하다', '가리키다'는 '지시하다'의 의미를 가져요. '가르치다'와 '가리키다'를 혼동하지 마세요. 가끔 둘을 합쳐 '가르키다'로 잘못 쓰는 경우도 있으니 주의하세요.

부엉이 박사의 말 중 맞춤법이 틀린 부분을 찾아 바르게 고쳐 보세요. (2개)

이상하다….
이쪽이 아닌가?
두리번
두리번

나리야, 표지판이
가르치는 방향대로 가야지!
표지판이 어디를
가르키는지 잘 봐!
남산 둘레길
내 위치
우와 최고야~

✕ 틀린 곳		◎ 알맞게 고쳐 보세요
----------	→	----------
----------	→	----------

알맞은 단어에 ○를 표시해 보세요.

선생님께서 손을 씻는 올바른 방법을

❶ 가르쳐 ❷ 가르켜 ❸ 가리켜 주셨습니다.

바르게 따라 써 보세요.

❶ 선생님은 칠판을 가리키시며 영어를 가르치셨다.

❷ 시곗바늘이 두 시를 가리켰어요.

불러 주는 문장을 잘 듣고, 받아쓰세요.

❶ V .

❷ V V .

❸ 손가락으로 V 글자를 V .

24 일째

갔다 vs 갖다 vs 같다

'갔다'는 '가다'가 기본형이에요. 받침 'ㅆ'은 '가다'를 과거로 만들어 줘요. '갖다'는 '가지다'의 준말이에요. '지'의 'ㅈ'이 '가'의 받침이 된 거지요. '같다'는 '서로 다르지 않고 하나다'라는 의미라는 것 알죠? 이 세 단어는 모두 [갇따]로 똑같이 소리 나지만 뜻은 전혀 다른 단어랍니다.

□ 안에 들어갈 알맞은 말을 선으로 이어 보세요.

비가 올 것 □아서 우산을 □고 학교에 □다.
갖
갔
같
투욱
어머…

월 일 요일

□□ 안에 <보기>의 단어가 들어갈 수 없는 문장을 골라 보세요.

보기

갖다

❶ 불만을 □□.

❷ 호감을 □□.

❸ 나이가 □□.

❹ 흥미를 □□.

바르게 따라 써 보세요.

❶ 누나가 준 돈 갖고 심부름 갔다 와라.

❷ 쌍둥이라 생김새가 같아.

불러 주는 문장을 잘 듣고, 받아쓰세요.

❶ □ V □ □ V □ □ ?

❷ □ □ V □ □ □ V 다홍치마

❸ □ □ V □ □ □ V □ □ □ .

25 일째

-개 vs -게

'개'와 '게'는 발음 구분이 어려워요. 'ㅐ'와 'ㅔ' 때문이지요. 'ㅔ'보다 'ㅐ'가 입을 좀 더 벌려서 내는 소리랍니다. 우리말에는 'ㅐ'와 'ㅔ' 두 모음으로 구분하는 단어가 아주 많아요. 'ㅐ'가 쓰이는 단어와 'ㅔ'가 쓰이는 단어의 예시를 알아볼까요?

'ㅐ'가 쓰이는 단어 찌개, 물개, 지우개, 덮개 등

'ㅔ'가 쓰이는 단어 가게, 집게 등

밑줄 친 단어가 맞춤법에 맞으면 ○, 틀리면 ×에 표시해 보세요.

이럴 수가!!
휘혈 오빠한테
여자 친구가 생기다니….
왈칵!

어떻게 이럴 수가
있어. 흑흑.
우느라 베개 가
다 젖었어. ㅠㅠ
토닥
토닥
엉엉

월 일 요일

□ 안에 <보기>의 말이 들어갈 수 없는 것을 골라 보세요.

보기

개

❶ 베□ ❷ 지우□ ❸ 마□ ❹ 족집□ ❺ 덮□

바르게 따라 써 보세요.

❶ 피자 가게에 같이 가서 맛있는 피자를 먹자.

❷ 지우개 좀 빌려줄래?

❸ 족집게로 할머니의 흰머리를 뽑았어요.

불러 주는 문장을 잘 듣고, 받아쓰세요.

❶ V V .

❷ V V ?

❸ V V V .

낫다 vs 낳다

‘아이를 낳다’와 ‘병이 낫다’는 발음으로 구분하면 쉬워요. ‘아이를 낳다[나타]’ 할 때의 [ㅌ]은 ‘ㅎ’과 ‘ㄷ’이 합쳐진 거잖아요. 이 발음 때문에 ‘낳다’로 적는 거예요. 반면 ‘병이 낫다’의 ‘낫다’는 [나따/낟따]로 소리 나요. 절대 ‘ㅌ’이 소리 나는 경우가 없답니다.

편지의 내용 중 맞춤법이 틀린 부분을 찾아 바르게 고쳐 보세요. (1개)

승헌 씨,

몸은 좀 괜찮으신가요?

당신이 어서 빨리 낳기를 바랍니다.

무엇을 선물할까 생각하다가 과일을 샀습니다. 승헌 씨는 과일을 좋아하니까요.

어서 함께 시간을 보내고 싶습니다.

- 윤희 드림

✕ 틀린 곳 → ◎ 알맞게 고쳐 보세요

월 일 요일

□□ 안에 <보기>의 단어가 들어갈 수 없는 문장을 골라 보세요.

보기

낫다

1. 병이 다 □□.
2. 그 옷이 더 □□.
3. 아이를 □□.
4. 여름이 겨울보다 □□.

바르게 따라 써 보세요.

1. 백지장도 맞들면 낫다고요.
2. '낳다'와 '낫다'의 차이를 알아야 해.

불러 주는 문장을 잘 듣고, 받아쓰세요.

1. □ V □ □ V □ □ V □ □ ? □ □ □
2. 얼른 V 다 V □ □ □ □ V □ □ □ .
3. □ □ V □ V □ □ □ □ V □ □ □ V
□ □ □ □ .

무치다  묻히다

'묻히다'는 '묻다'와 의미가 통하는 말이에요. '더러운 것을 묻히다'는 '더러운 것이 묻다'와 의미가 통하고요, '땅에 묻히다'는 '땅에 묻다'와 의미가 통해요. 하지만 '무치다'에는 이런 의미가 없어요. 이 단어는 요리할 때 쓰는 말이에요. 주로 '나물을 무치다'라고 쓰이는 말이지요.

 괄호 안에서 ㉠과 ㉡에 각각 알맞은 말을 찾아 써 보세요.

(무쳤다 / 묻혔다)

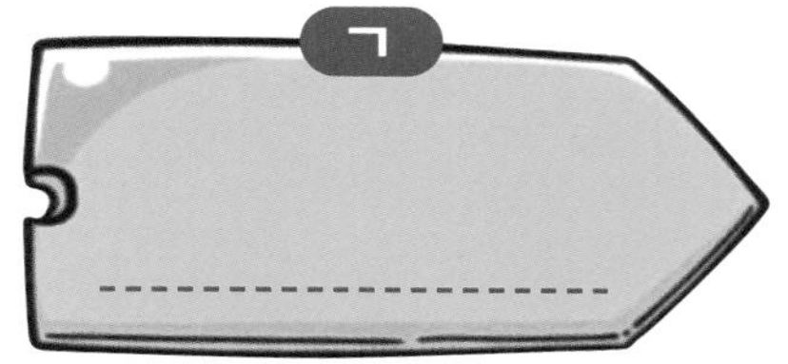

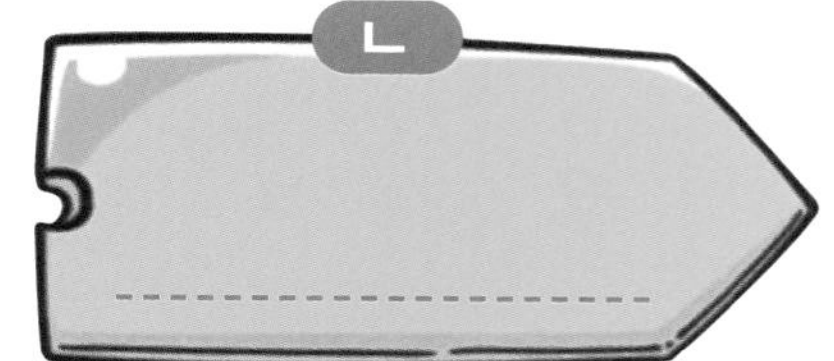

<보기>의 단어 앞에 올 수 없는 것을 골라 보세요. (2개)

보기

❶ 시금치를 ❷ 먼지를 ❸ 콩나물을 ❹ 물감을

바르게 따라 써 보세요.

❶ 손에 물감 묻히기 싫어.

❷ 나물을 무칠 때는 참기름이 필요해.

불러 주는 문장을 잘 듣고, 받아쓰세요.

❶ V V !

❷ 땅에 V 돈을 V V .

❸ V V V 진실은 V 무엇일까?

바라다  바래다

'바라다'는 '소망'을 말할 때 주로 쓰는 말이지요. '좋은 일이 생기길 바라요'처럼요. 이 말과 전혀 다른 말로 '바래다'가 있어요. '바래다'는 '시간이 지나 색깔이 흐려진 것'을 의미한답니다. 소망을 의미하는 '바라다'를 빛깔이 없어졌다는 의미의 '바래다'로 잘못 적지 않도록 하세요.

유리가 쓴 편지를 읽고, 맞춤법이 틀린 부분을 찾아 바르게 고쳐 보세요. (1개)

은정이에게

은정아! 우리가 친구가 된 지
벌써 2년째야.
우리의 우정 변치 말고
앞으로도 계속 친한 친구로
지내길 바래!

- 유리가 -

✕ 틀린 곳 → ◎ 알맞게 고쳐 보세요

월 일 요일

알맞은 문장이 되도록 선으로 이어 보세요.

색이		바라다
성공을		
돈을		바래다
종이가		

바르게 따라 써 보세요.

1. 네가 행복하기를 바라.
2. 바랜 종이에 편지를 썼다.

불러 주는 문장을 잘 듣고, 받아쓰세요.

1. V V V / V .
2. V V .
3. V V 안 V 예뻐요.

쉬어가기 4
사 다 리 타 기

사다리를 타고 도착한 곳에 들어갈 낱말을 <보기>에서 찾아 써 보세요.

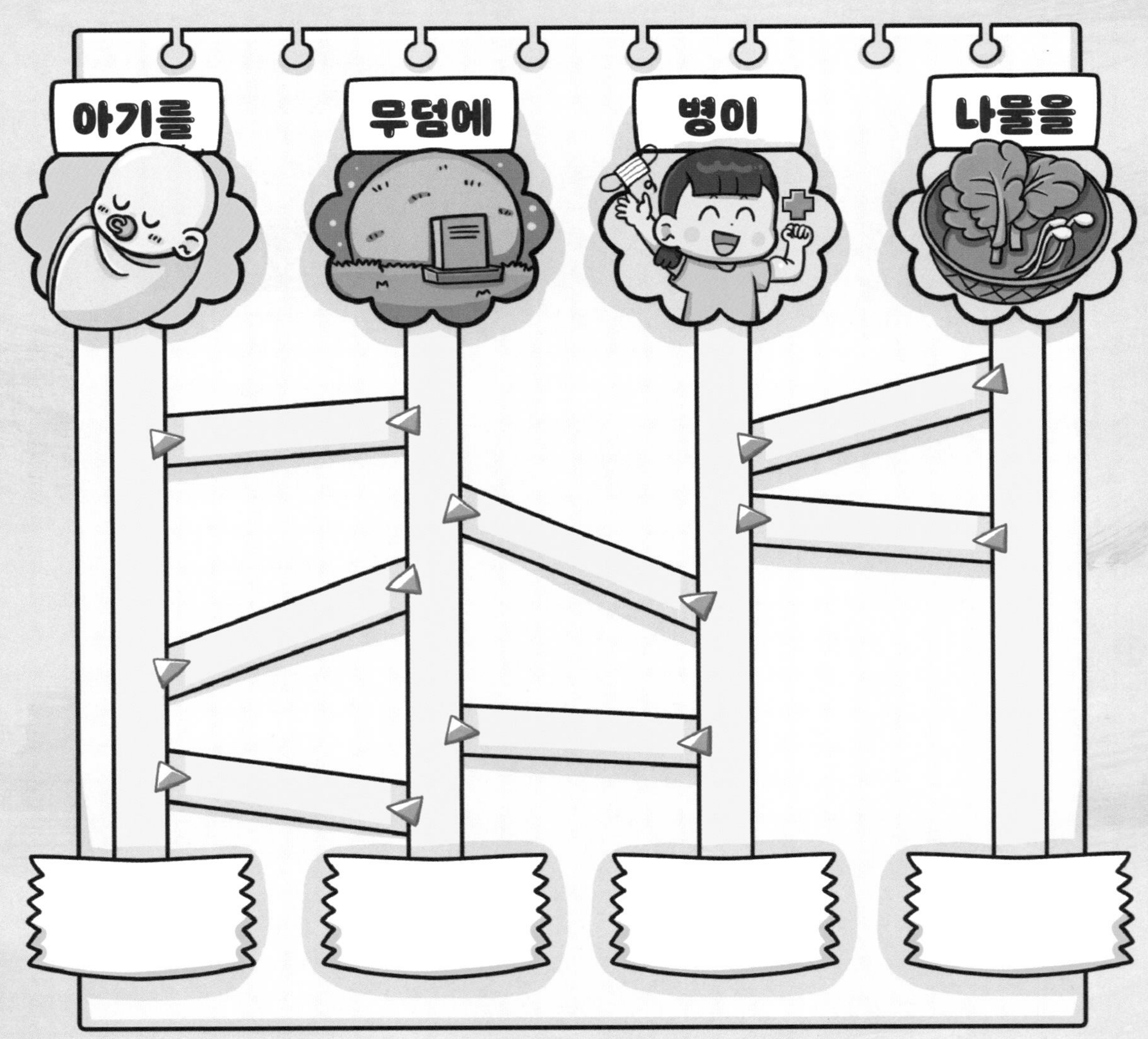

보기

무치다 묻히다 낫다 낳다

선긋기

1번과 2번의 각 문제를 읽고, 올바르게 선을 이어 보세요.

1. □ 안에 들어갈 받침이 같은 것끼리 선으로 이어 보세요.

	아기를 나□다.	감기가 잘 나□지 않는다.	
	오늘은 기온이 나□다.	엄마의 구두는 굽이 나□다.	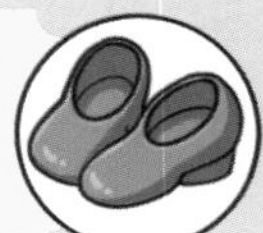
	난 여름보다 겨울이 나□다.	우리나라가 나□은 노벨상 수상자	

2. □ 안에 들어갈 자음이 같은 것끼리 선으로 이어 보세요.

	학교에 가□다.	음식이 □ㅓ다.	
	지갑 좀 가□다 줘.	자동차를 □ㅏ다.	
	길이가 똑가□다.	백 점을 마□았다.	

29 일째

-박이 vs -배기

어떤 말에 '-박이'가 붙으면 '박다'나 '박히다'라는 의미가 더해져요. '점박이', '판박이'처럼 모두 무엇이 박혀 있는 사람이나 동물 또는 물건을 뜻하지요. 반면 '배기'는 어디서 온 말인지 명확히 알 수 없어요. 알 수 없는 것은 소리 나는 대로 적는 거예요.

다음 중 맞춤법이 틀린 부분을 찾아 바르게 고쳐 보세요. (2개)

ⓧ 틀린 곳 → ⓞ 알맞게 고쳐 보세요

ⓧ 틀린 곳 → ⓞ 알맞게 고쳐 보세요

월 일 요일

□□ 안에 <보기>의 말이 들어갈 수 없는 것을 골라 보세요.

보기

박이

❶ 점□□ ❷ 차돌□□ ❸ 판□□ ❹ 언덕□□ ❺ 붙□□

바르게 따라 써 보세요.

❶ 내 동생은 세 살배기야.

❷ 민아는 언덕배기에 갔어.

❸ 아빠와 나는 판박이야.

불러 주는 문장을 잘 듣고, 받아쓰세요.

❶ ∨ ∨ .

❷ 내가 ∨ 가장 ∨ 좋아하는 ∨ 고기는

.

❸ ∨ !

반드시  반듯이

'반드시'는 '꼭', '틀림없이'라는 의미의 말이에요. 약속할 때 주로 쓰는 말이지요. 이 말과 같은 소리가 나는 '반듯이'는 '바르게'의 의미입니다. '반듯하다'라는 단어에서 왔기 때문에 '반듯'을 표기에 밝혀 적는 거예요.

괄호 안에서 ㉠과 ㉡에 각각 알맞은 말을 찾아 써 보세요.

아, 급해!!
내일까지 이거 (㉠) 마쳐야 해.
우당탕탕
으휴
야, 그래도
(㉡) 앉기는 해야지.

(반듯이 / 반드시)

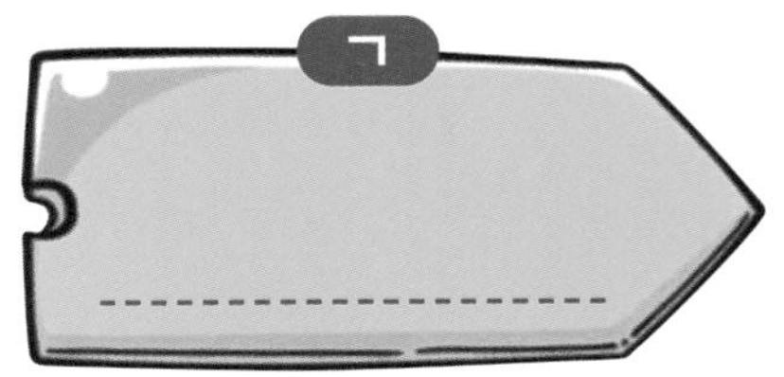

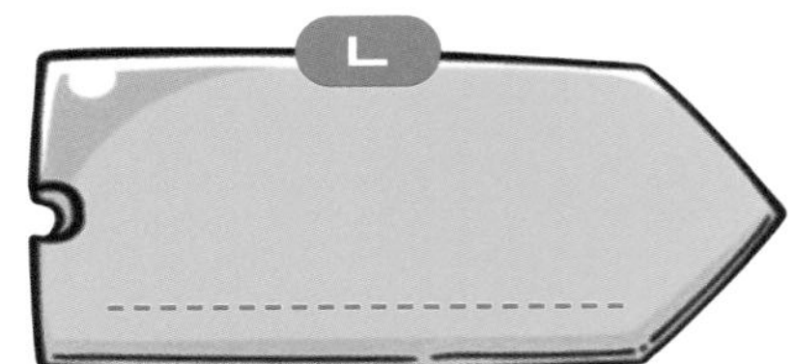

<보기>의 말과 의미가 통하지 않는 것을 골라 보세요.

보기

❶ 곧다 ❷ 바르다 ❸ 펴다 ❹ 굽지 않다 ❺ 기울다

바르게 따라 써 보세요.

❶ 반듯이 앉아야 해.

❷ 반듯한 태도는 중요하다.

불러 주는 문장을 잘 듣고, 받아쓰세요.

❶ V V V 지킬게!

❷ 노인은 V 평생을 V V
.

❸ V V V
V .

배다  베다

'배다'는 '냄새가 배다, 새끼를 배다'처럼 '스며들다, 임신하다'의 의미로 쓰인답니다. 한편 '베다'는 '베개를 베다, 손을 베다'처럼 '머리를 받치다' 혹은 '상처를 입다'의 의미로 쓰이는 말이지요.

 괄호 안에서 ㉠과 ㉡에 각각 알맞은 말을 찾아 써 보세요.

집에서 만들기 숙제를 하다가
손을 (㉠)었다.

아빠의 앞치마에
떡볶이 냄새가 (㉡)어 있었다.

(배 / 베)

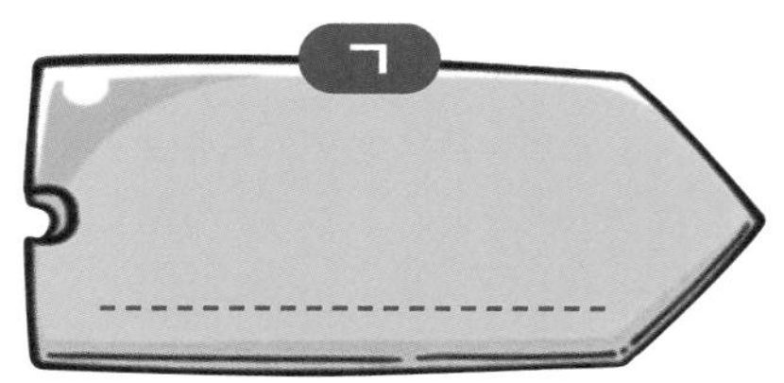

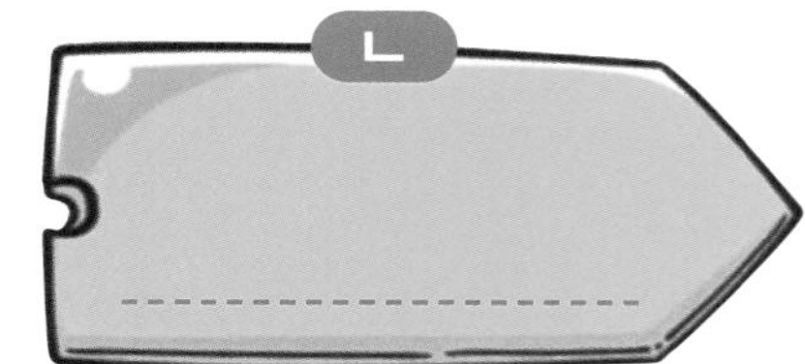

□ 안에 <보기>의 말이 들어갈 수 없는 낱말을 골라 보세요.

❶ □우 ❷ □개 ❸ □추 ❹ □탈

바르게 따라 써 보세요.

❶ 엄마의 무릎을 베고 눕다.

❷ 삼촌과 잡초를 베었다.

❸ 일이 손에 배지 않았다.

불러 주는 문장을 잘 듣고, 받아쓰세요.

❶ V V .

❷ V V V V 잠
이 V 잘 V 온다.

❸ V V V .

32 일째

벌리다  벌이다

'벌리다'는 '돈이 벌리다'의 의미와 '두 팔을 벌리고'처럼 '사이를 멀게 하다'라는 의미가 있어요. 한편 '벌이다'는 '어떤 일을 계획하여 시작하다'의 의미입니다.

다음 중 맞춤법이 틀린 부분을 찾아 바르게 고쳐 보세요. (1개)

무슨 일을 벌리려는 거지?
킁킁
수군
수군

쑥덕 쑥덕
또 어떤 꿍꿍이야!
집을 나가자…
몰래…
샥

샥샥
흥….
반드시 알아낸다!
댕댕월드

어머! 내 선물을 사려던 거구나?!

틀린 곳

→

알맞게 고쳐 보세요

□□□ 안에 <보기>의 단어가 들어갈 수 없는 문장을 골라 보세요.

보기
벌리다

❶ 돈이 □□□. ❷ 사이를 □□□. ❸ 일을 □□□. ❹ 자루를 □□□.

바르게 따라 써 보세요.

❶ 책상 간격 벌리세요.

❷ 할아버지 생신에는 동네잔치를 벌인다.

불러 주는 문장을 잘 듣고, 받아쓰세요.

❶ V V 과자 V 줄게!

❷ 예나는 V V V V 안 왔다.

❸ V V .

33 일째 부수다 vs 부시다

'부수다'는 '어떤 사물을 깨뜨려 못 쓰게 만들다'라는 의미의 말이지요. '성벽을 부수다, 장난감을 부수다'처럼 쓰여요. 그런데 이 '부수- + -어'에서 온 '부숴'를 '부셔'로 잘못 적는 경우가 있어요. '부셔'는 '부시- + -어'니까 기본형이 '부시다'가 되지요. '부시다'는 '빛 때문에 눈이 시린 상태'를 표현하는 말이라서 '부수다'와는 의미가 전혀 다르답니다.

괄호 안에서 ㉠과 ㉡에 들어갈 단어의 기본형을 찾아 써 보세요.

아름이를 보고
눈이 (㉠)서 뒷걸음질했다.

장난치다가 실수로
친구의 작품을 (㉡)다.

(부시다 / 부수다)

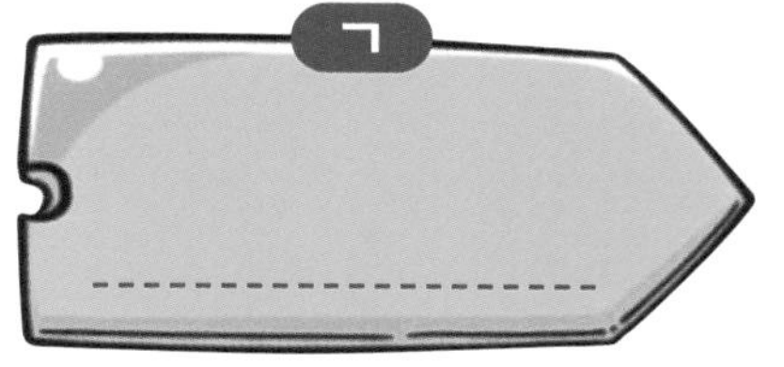

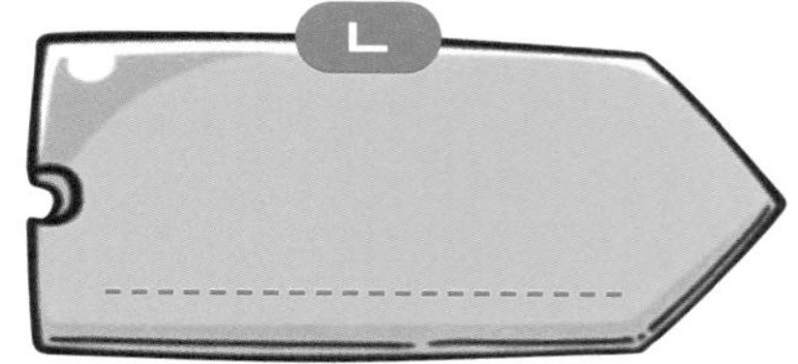

<보기>의 단어와 의미가 통하지 않는 말을 골라 보세요.

보기

부시다

❶ 강렬하다 ❷ 눈이 시리다 ❸ 찬란하다 ❹ 망가지다

바르게 따라 써 보세요.

❶ 실수로 핸드폰을 부쉈어.

❷ 눈이 부시게 푸른 날

❸ 누나가 내 예쁜 모래성을 부숴 버렸어.

불러 주는 문장을 잘 듣고, 받아쓰세요.

❶ 햇빛 V 때문에 V V .

❷ 동생이 V V .

❸ 열쇠를 V 잃어버려서 V V .

34 일째

부치다  붙이다

'붙이다'는 '붙게 하다'라는 의미가 분명할 때만 그렇게 적어요. 반면 '부치다'에는 '붙게 하다'라는 의미가 없어요. 그래서 '붙이다'와 달리 소리 나는 대로 적습니다.

밑줄 친 말을 바르게 고쳐 보세요.

부치지 

□ 안에 들어갈 수 없는 단어를 골라 보세요.

보기

□을/를 붙이다.

❶ 우표 ❷ 불 ❸ 스티커 ❹ 소포

바르게 따라 써 보세요.

❶ 더워서 소매를 걷어붙였어.

❷ 편지를 부쳐 주세요.

❸ 선생님이 칭찬 스티커를 붙여 주셨어요.

불러 주는 문장을 잘 듣고, 받아쓰세요.

❶ V V V V 제일 맛있어.

❷ 부채로 V V .

❸ 편지에 V 우표를 V V .

쉬어가기 5 사다리타기

사다리를 타고 도착한 곳에 들어갈 낱말을 <보기>에서 찾아 써 보세요.

보기 다르다 틀리다 부치다 붙이다

낱말 퍼즐

힌트를 읽고 낱말 퍼즐을 풀어 보세요.

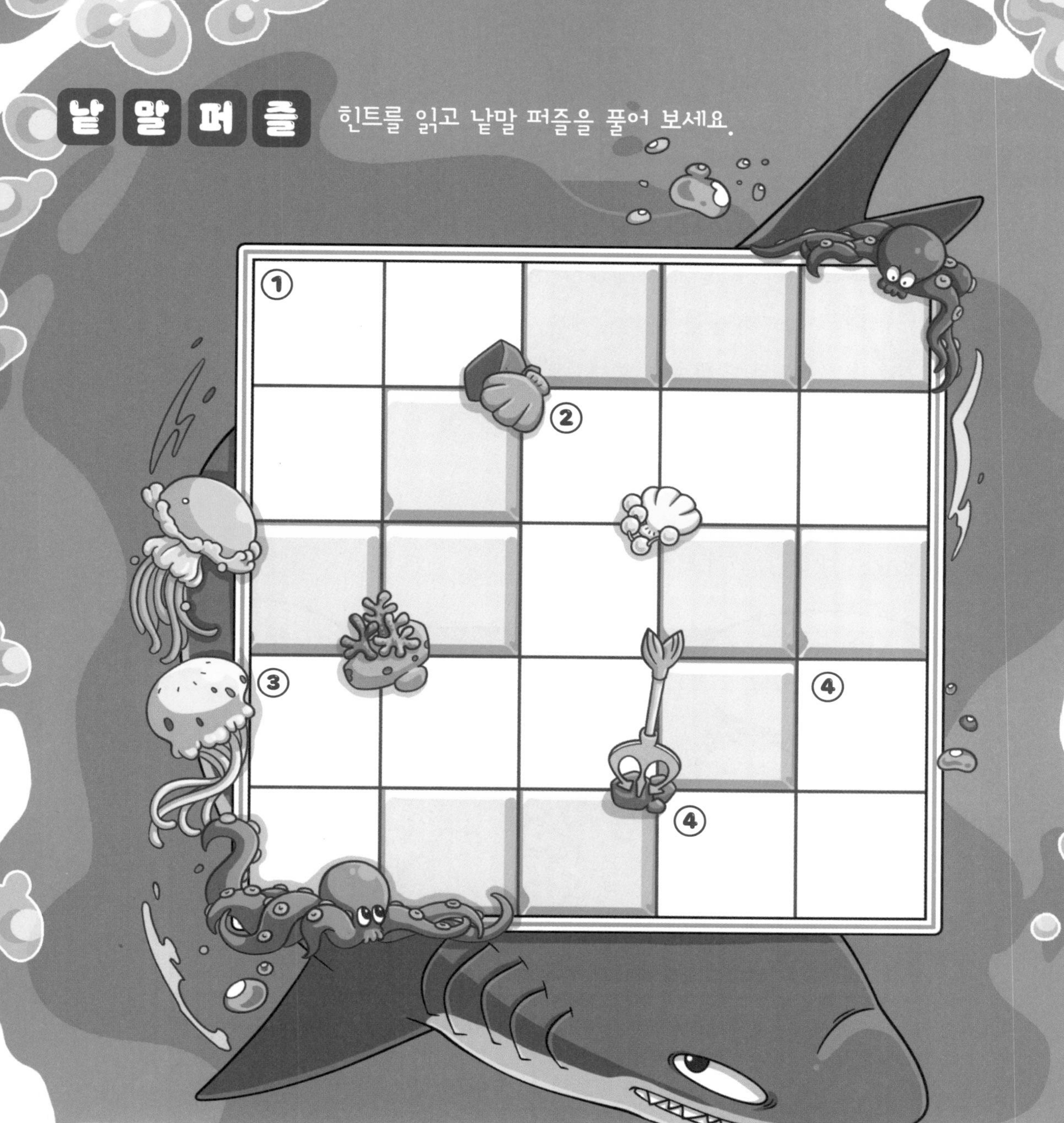

세로 힌트

① 장식으로 손가락에 끼는 고리
② 빛이나 색채가 강렬하여 마주 보기가 어려운 상태에 있다. (눈이 ○○○.)
③ 꿀벌이 꽃에서 빨아들여 벌집 속에 모아 두는 달콤하고 끈끈한 액체
④ 누울 때, 베개 따위를 머리 아래에 받치다.

가로 힌트

① 허리를 ○○하게 세우다.
② 단단한 물체를 여러 조각이 나게 두드려 깨뜨리다.
③ 둘 사이를 넓히거나 멀게 하다. (간격을 ○○○.)
④ 스며들거나 스며 나오다. (냄새가 ○○.)

35 일째

빗다  빚다

'빗다'는 머리를 빗을 때 사용하는 말이지요. 받침 'ㅅ'은 모음을 연결한 '빗으면[비스면]'에서 '스'의 'ㅅ'을 앞말의 받침으로 돌려준 거예요. '빚다'는 '재료로 어떤 모양을 만드는 것'을 의미하는 단어예요. 역시 모음을 연결해 발음해 보세요. '빚어[비저]'에서 뒤로 넘어간 'ㅈ'을 받침으로 돌려받으면 '빚다'가 된답니다.

 밑줄 친 말을 바르게 고쳐 보세요.

빗어 → ______________

<보기>의 말과 가장 의미가 잘 통하는 말을 골라 보세요.

❶ 형태를 만들다
❷ 술을 담그다
❸ 재료를 만지다
❹ 가지런하게 하다

바르게 따라 써 보세요.

❶ 아침에는 머리를 빗어요.

❷ 다 같이 만두를 빚자!

❸ 추석에 가족들 모두 모여서 송편을 빚었어요.

불러 주는 문장을 잘 듣고, 받아쓰세요.

❶ 머리를 V V .

❷ 찹쌀로 V V .

❸ 예전에는 V V V V 음식을 V 담았다.

섞다 vs 썩다

'섞다'는 '마구 뒤섞다' 할 때의 '섞다'이고, '썩다'는 '음식이 상하다'라는 의미예요. 두 단어 모두에 모음을 연결해 보세요. '섞은[서끈], 썩은[써근]'이 되지요. 발음을 확인하고 뒤로 넘어간 자음을 앞말로 돌려주면 그대로 올바른 표기가 된답니다.

괄호 안에서 ㉠과 ㉡에 각각 알맞은 말을 찾아 써 보세요.

(썩 / 섞)

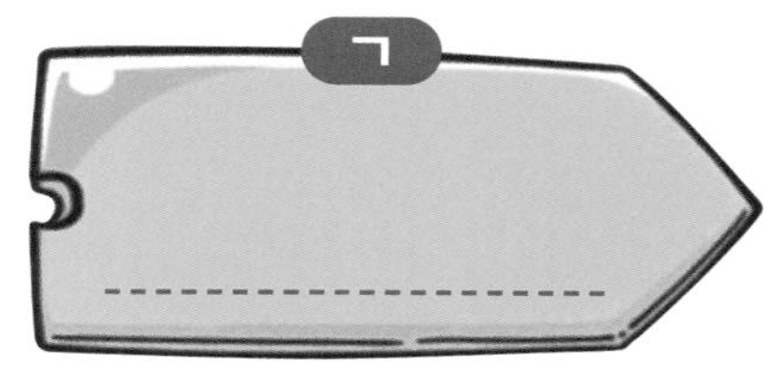

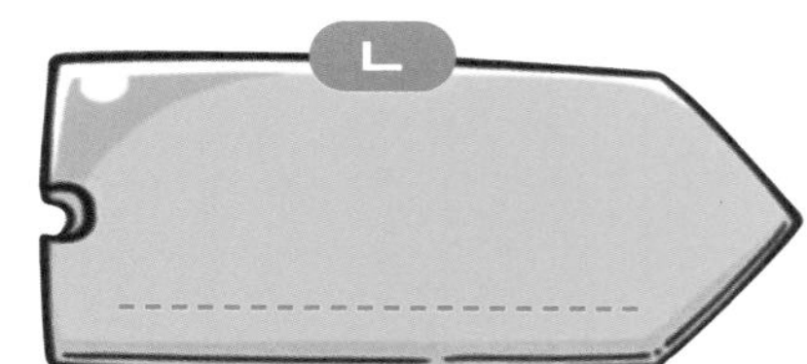

□ 안에 <보기>의 말이 들어갈 수 없는 문장을 골라 보세요.

보기
썩

❶ 카드를 □다 ❷ 과일이 □다 ❸ □은 냄새가 나다 ❹ □은 생선

바르게 따라 써 보세요.

❶ 색을 섞어 색칠해 볼래?

❷ 저기 봐. 나무가 썩었어!

❸ 과일이 썩기 전에 서둘러 먹어야 해.

불러 주는 문장을 잘 듣고, 받아쓰세요.

❶ □□□ V □□□ V □□ V □□□ .

❷ □□□ V □□□□ V 버려야 V 해.

❸ □□□ V □□□ V □□□ V □□□□ .

싸이다  쌓이다

'싸이다'와 '쌓이다'를 구분하려면 '싸다'와 '쌓다'를 생각하세요. '싸다'는 보이지 않게 가리는 것이잖아요. 여기에 '당하다'라는 의미가 든 '-이-'가 붙은 것이 '싸이다'입니다. '쌓다'와 '쌓이다'의 관계도 똑같아요. '쌓다'는 '포개어 얹어 놓다'라는 의미예요. 여기에 '-이-'가 붙어 쌓음을 당한다는 뜻인 '쌓이다'가 된 거예요.

괄호 안에서 ㉠, ㉡, ㉢에 각각 알맞은 말을 찾아 써 보세요.

(싸인 / 쌓인 / 쌀)

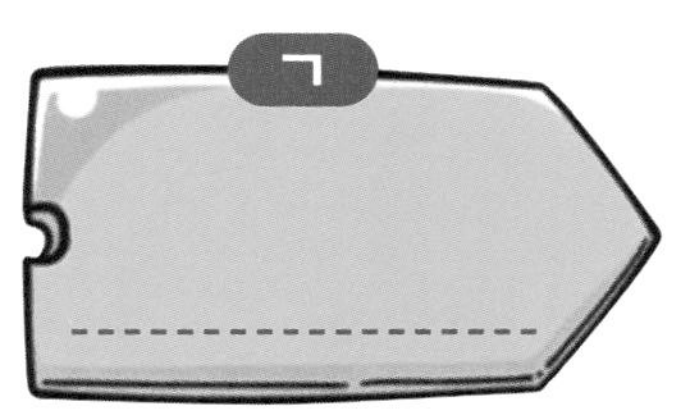

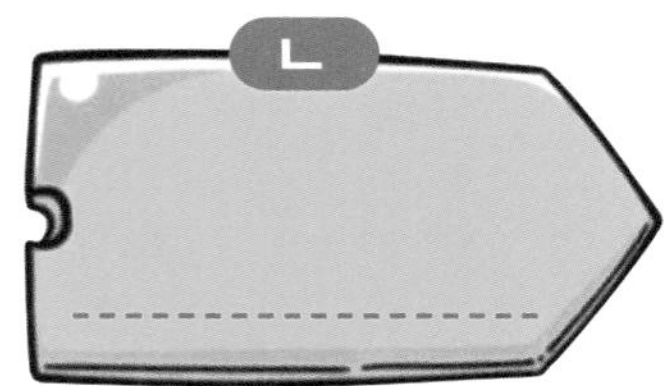

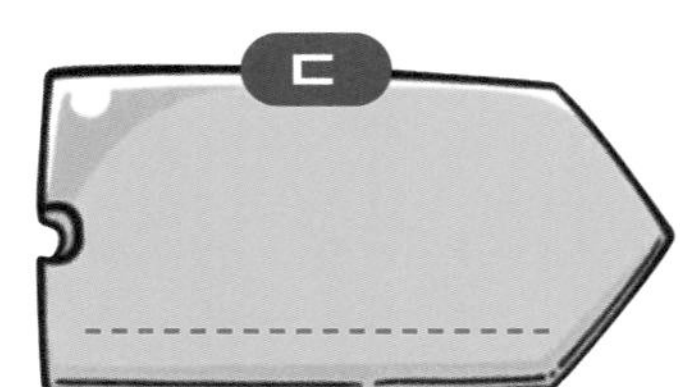

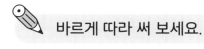

월 일 요일

☐ 안에 잘못된 어휘가 들어간 문장을 골라 보세요.

❶ 책상에 먼지가 많이 [싸였다.]

❷ 금은보화가 산더미처럼 [쌓였다.]

❸ 강둑이 갈대로 둘러 [싸였다.]

❹ 어느새 빨랫감이 많이 [쌓였다.]

바르게 따라 써 보세요.

❶ 블록 쌓고 놀자.

❷ 삼겹살을 상추로 쌌어.

❸ 돌을 쌓아서 탑을 만들자.

불러 주는 문장을 잘 듣고, 받아쓰세요.

❶ V V .

❷ 그 V 아이의 V 정체는 V 여전히 V
V V .

❸ 시간이 V 지나면 V V V
.

어떡해  어떻게

'어떡해'는 한 단어에서 온 게 아니에요. '어떻게 해'의 준말이거든요. 원말 '어떻게 해'에서 '게'의 'ㄱ'과 '해'를 남겨서 표기한 거예요. 반면 '어떻게'는 '어떠하게'의 준말입니다. '어떠하다'에 '게'가 붙은 한 단어예요. '어떻게, 어떻고, 어떻지'로 변신하지요.

괄호 안의 알맞은 단어에 ○를 표시해 보세요.

월 일 요일

[ ] 에 <보기>의 말이 들어갈 수 없는 문장을 골라 보세요.

보기
어떡해

❶ 자꾸 이러면 [ ]?

❷ 성적이 너무 떨어졌어. [ ]!

❸ [ ] 나한테 그럴 수가 있니?

❹ 아무리 생각해도 [ ]야 할지 모르겠어.

바르게 따라 써 보세요.

❶ 이제 어떻게 할 거야?

❷ 석진이 화났잖아! 어떡해!

불러 주는 문장을 잘 듣고, 받아쓰세요.

❶ 맹구를 V V V ?

❷ V V ?

❸ V V V ?

39 일째

업다 vs 엎다 / 집다 vs 짚다

업다, 엎다 '업다'와 '엎다'를 구분하려면 모음을 연결하여 원래 받침이 무엇인지를 찾아야 합니다. '아이를 업어서'는 [어버서]로, '컵을 엎어서'는 [어퍼서]로 소리 나지요. 뒤로 넘어간 말을 앞말 받침으로 돌려주어 표기하면 됩니다.

집다, 짚다 '집다'와 '짚다'도 모음을 연결하여 받침을 확인할 수 있어요. '지팡이를 짚어서', '떨어진 것을 집어서'는 각각 [지퍼서], [지버서]로 소리 나요. 뒤로 넘어간 말을 앞말 받침으로 돌려주어 적은 것이 '짚어서', '집어서'예요.

알맞은 단어에 ○를 표시해 보세요.

할머니는 아기를 업고 | 엎고

지팡이를 집었다 | 짚었다 .

월 일 요일

□ 친 부분의 맞춤법이 잘못된 문장을 골라 보세요.

❶ 소금 좀 집어 줄래?

❷ 벽을 짚고 일어나면 돼.

❸ 그릇을 업어서 물이 쏟아졌다.

❹ 엎어지면 코 닿을 데에 산다.

바르게 따라 써 보세요.

❶ 나는 동생을 늘 업어 줘.

❷ 젓가락으로 콩을 집는 것은 어려워.

불러 주는 문장을 잘 듣고, 받아쓰세요.

❶ 할아버지가 V 지팡이를 V V .

❷ 장난치다가 V V .

❸ V V .

왠지 vs 웬

'왠지'는 '왜 그런지'라는 뜻이에요. '왜인지'에서 줄어든 말이므로 '왠지'라고 써야 해요. '웬'은 '어찌 된'이라는 의미예요. 문맥상 '왜 그런지'의 뜻을 담고 있는 경우 외에는 모두 '웬'이라고 적으면 됩니다.

괄호 안의 알맞은 단어에 ○를 표시해 보세요.

어머! (웬/왠) 꽃이야?
총총

아, 이거? 너 줄 거 아니니까 몰라도 돼.
샥
칫

10분 뒤…
야외 독서에는 레모네이드가 필수지~
어?

하~ 정말. 나 줄 거면 준다고 말을 하지!
헤헤

□ 안에 <보기>의 단어가 들어갈 수 없는 문장을 골라 보세요.

보기
웬

❶ □ 걱정이 그리 많니?

❷ □ 까닭인지 알 수 없다.

❸ 네가 □ 일로 여기까지 왔어?

❹ 다시 온 이유가 □ 지 잘 모르겠어.

바르게 따라 써 보세요.

❶ 어머, 웬일이니!

❷ 왠지 오늘은 잠이 안 와.

❸ 그 말은 왠지 기분 나빠.

불러 주는 문장을 잘 듣고, 받아쓰세요.

❶ V ?

❷ V V V ?

❸ V V V 불길하다.

쉬어가기 6
사다리타기

사다리를 타고 도착한 곳에 들어갈 낱말을 <보기>에서 찾아 써 보세요.

보기

빗다 빚다 집다 짚다

낱말퍼즐

힌트를 읽고 낱말 퍼즐을 풀어 보세요.

세로 힌트

① 밥상을 뒤집어○○.
② 유나 진짜 화났나 봐! ○○○!
③ 여러 개의 물건이 겹겹이 포개어 얹어 놓이다.
④ 다리미로 옷이나 천 따위를 다리는 일

가로 힌트

① 체중을 줄이거나 건강의 증진을 위해 제한된 식사를 하는 것.
③ 몸을 제대로 가눌 수 없이 정신이 흐리고 얼떨떨하다. (머리가 빙글빙글 ○○○○.)
④ 두 가지 이상의 것을 한데 합치다. (우유와 초코 가루를 ○○.)

웃옷  윗옷

'웃옷'과 '윗옷'은 다른 말이에요. '웃옷'은 '맨 겉에 입는 옷'을 뜻하는 말이에요. '윗옷'은 '아래옷'과 반대되는 말로 '위에 입는 옷'입니다.

괄호 안에서 ㉠과 ㉡에 각각 알맞은 말을 찾아 써 보세요.

(웃 / 윗)

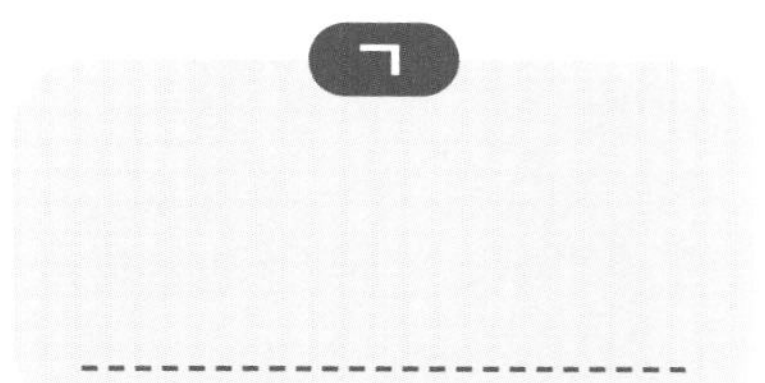

□ 안에 <보기>의 말이 들어갈 수 없는 낱말을 골라 보세요.

❶ □통 ❷ □풍 ❸ □음 ❹ □마을

바르게 따라 써 보세요.

❶ 어제 윗옷을 새로 샀어.

❷ 추워서 웃옷을 입었다.

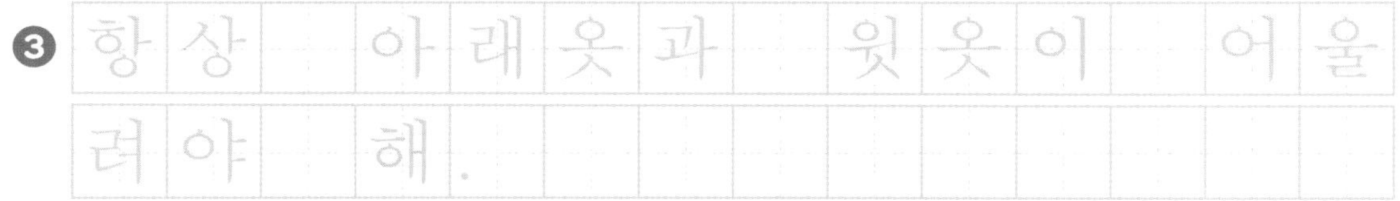

❸ 항상 아래옷과 윗옷이 어울려야 해.

불러 주는 문장을 잘 듣고, 받아쓰세요.

❶ 그는 ∨ 항상 ∨ ∨ ∨ 다 채운다.

❷ 이 ∨ 바지, ∨ ∨ ?

❸ ∨ ∨ .

-이 vs -히

끝소리가 '이'인지 '히'인지 헷갈릴 때는 분명하게 [이]로 소리 나는 것은 '이'로 적고, 분명하게 [히]로 소리 나는 것은 '히'로 적으면 됩니다. [히]로도 [이]로도 소리 나는 경우에는 '히'로 적습니다. '이'로 쓰는 단어에는 '곰곰이, 깨끗이, 일찍이, 따뜻이' 등이 있고, '히'로 쓰는 단어에는 '열심히, 꼼꼼히, 다행히, 꾸준히, 가만히' 등이 있어요.

밑줄 친 단어가 맞춤법에 맞으면 ○, 틀리면 ×에 표시해 보세요.

댓글 1,189개 정렬 기준

공개 댓글 추가

GLASS Kim

□ 안에 <보기>의 말이 들어갈 수 없는 것을 골라 보세요.

① 곰곰□ ② 꼼꼼□ ③ 따뜻□ ④ 일찍□ ⑤ 깨끗□

바르게 따라 써 보세요.

① 알림장을 꼼꼼히 확인하자.

② 꾸준히 따라했더니 춤이 좀 늘었어.

불러 주는 문장을 잘 듣고, 받아쓰세요.

① 무엇을 V 할지 V V .

② V V .

③ V V .

43 일째

이따가 vs 있다가

'있다가'는 '있다'에서 온 말이에요. '있다가'는 말 그대로 '어떤 장소에 머물러 있다가'라는 의미지요. 반면 '이따가'는 '시간'과 관련된 말입니다. '조금 지난 뒤에'라는 의미지요. '어디서'와 관련되면 '있다가', '언제'와 관련되면 '이따가'를 쓴다고 생각하면 됩니다.

괄호 안에서 ㉠과 ㉡에 각각 알맞은 말을 찾아 써 보세요.

여보세요!
영지야 어디야?
(㉡) 나랑
놀이터에서 놀래?
유정아! 나 키즈 카페에 (㉠) 지금 집에 왔어!
너무 좋지!
3시에 만나자!

(있다가 / 이따가)

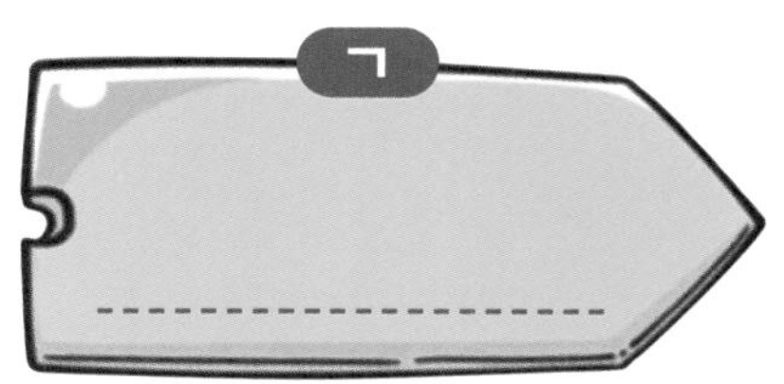

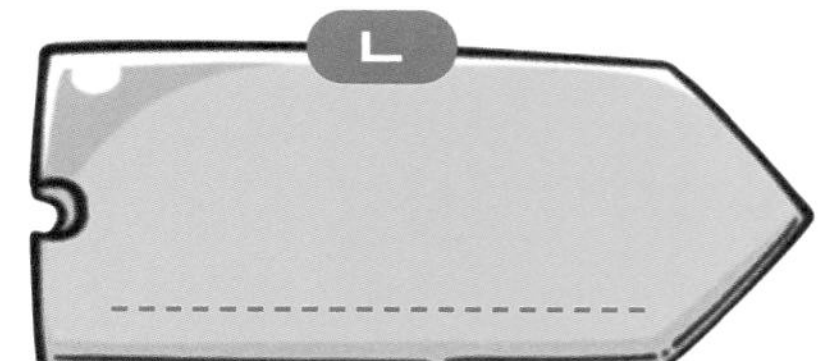

월 일 요일

[ ] 안에 <보기>의 단어가 들어갈 수 없는 문장을 골라 보세요.

보기
이따가

❶ [ ] 둘이 있을 때 얘기하자.

❷ 지금 바빠. [ ] 다시 통화하자.

❸ [ ] 시영이가 전화하면 나가자.

❹ 카페에 [ ] 노래방에 가자.

바르게 따라 써 보세요.

❶ 조금 이따가 만나자.

❷ 친구네 집에 있다가 올게.

불러 주는 문장을 잘 듣고, 받아쓰세요.

❶ 혼나는 V 동생 V 옆에 V ... V ... V ... .

❷ ... V ... V ... .

❸ ... V ... V ... .

잃다  잊다

'잃다'는 '원래 있었던 것이 없어진 것'을 말해요. 반면 '잊다'는 기억과 관련된 말이에요. '생각해 내지 못하다'라는 뜻이지요. 잊어버리지 마세요!

다음 중 맞춤법이 <u>틀린</u> 부분을 찾아 바르게 고쳐 보세요. (2개)

K-AQUARIUM

SINCE 2012

사진기 가져왔어?!

앗! 가져온다는 걸 깜빡 잃어버렸어….

어?! 입장권 어디 갔지…?!!

오늘 되는 일이 없네….

아휴

화장실 갔다가 떨어졌나 봐…. 잊어버린 것 같아.

✕ 틀린 곳		○ 알맞게 고쳐 보세요
	→	
	→	

월 일 요일

안에 <보기>의 단어가 들어갈 수 없는 문장을 골라 보세요.

보기
잊다

① 일자리를 [ ].
② 시험 시간을 [ ].
③ 약속을 [ ].
④ 수학 공식을 [ ].

바르게 따라 써 보세요.

① 7시 본방 사수 잊지 마!
② 다이어리를 잃어버렸어.
③ 누나와의 약속을 잊어버려서 누나가 화났어.

불러 주는 문장을 잘 듣고, 받아쓰세요.

①
②
③ 영어 단어를

45 일째

-장이 vs -쟁이

'어떤 행동이나 속성을 지닌 사람'을 가리키는 말에는 '-쟁이'가 붙어요. '개구쟁이, 겁쟁이, 고집쟁이, 멋쟁이' 등으로 쓰이지요.
반면, '-장이'가 붙으면 '어떤 기술을 가진 사람'이라는 의미가 돼요.
'대장장이, 땜장이, 미장이, 양복장이' 등으로 쓰여요.

민이의 자기소개를 보고 밑줄 친 말을 바르게 고쳐 보세요.

안녕? 날 소개하지!
이름은 하 민,
다락 초등학교
최고의 래퍼 겸 개구장이!
벌레를 무서워하는
겁장이인 건 반전 매력~
날 보고 싶다면?
4학년 3반에 놀러 와~

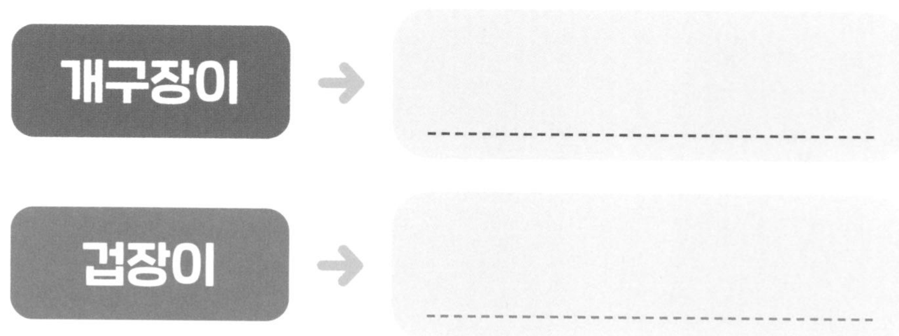

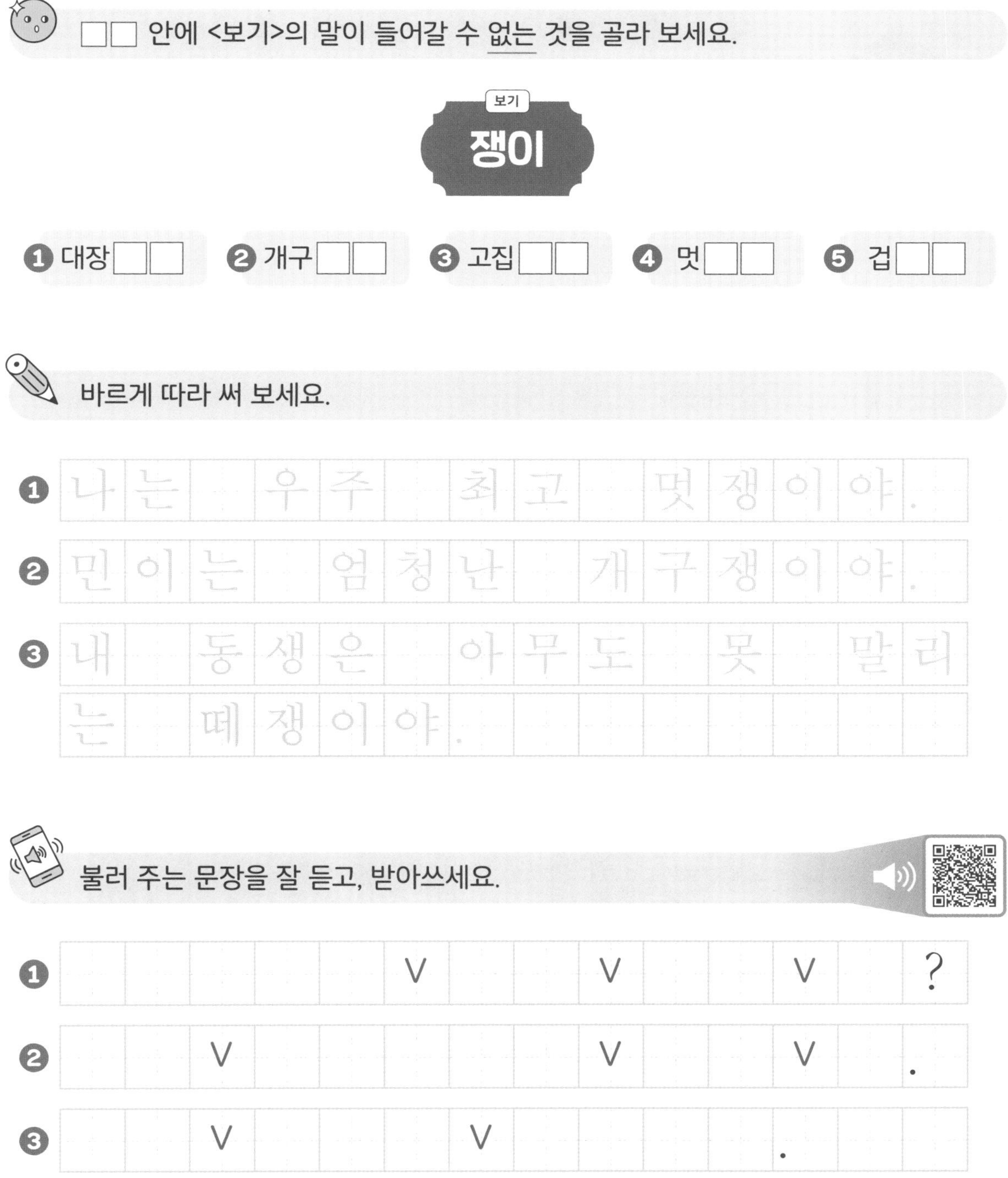

□□ 안에 <보기>의 말이 들어갈 수 없는 것을 골라 보세요.

보기

쟁이

❶ 대장□□ ❷ 개구□□ ❸ 고집□□ ❹ 멋□□ ❺ 겁□□

바르게 따라 써 보세요.

❶ 나는 우주 최고 멋쟁이야.

❷ 민이는 엄청난 개구쟁이야.

❸ 내 동생은 아무도 못 말리는 떼쟁이야.

불러 주는 문장을 잘 듣고, 받아쓰세요.

❶ □□□□□ V □□ V □□ V □ ?

❷ □□ V □□□□ V □□ V □ .

❸ □□ V □□□ V □□□□ .

46 일째 저리다 vs 절이다 / 조리다 vs 졸이다

저리다, 절이다 '저리다'는 몸의 감각이 둔할 때 쓰는 말이에요. '손이 저려요, 발이 저려요'처럼요. 이 말을 '절이다'로 잘못 쓰면 안 돼요. 뜻이 전혀 다른 말이거든요. '절이다'는 '소금이나 식초, 설탕 등이 채소나 생선 등에 배어들게 하다'라는 뜻이에요. 주로 '배추를 절이다'처럼 쓰이지요.

조리다, 졸이다 '졸이다'는 '찌개나 국의 국물을 줄게 하는 것'을 이르는 말이에요. 긴장하여 마음을 쓸 때도 '마음을 졸이다'라고 한답니다. 반면 '조리다'는 '국물을 바짝 끓여서 양념이 배어들게 하는 것'을 의미합니다.

알맞은 단어에 ○를 표시해 보세요.

김치를 담그려면
먼저 배추를 소금에
절여야 | 저려야 해요.

마음을
조리며 | 졸이며
응원해요.

월 일 요일

밑줄 친 부분의 맞춤법이 옳지 않은 문장을 골라 보세요.

❶ 그렇게 마음 [졸이지] 말고 직접 찾아가렴.

❷ 나는 멸치 [조림]을 제일 좋아해.

❸ 다리가 [저려서] 아무것도 할 수 없어.

❹ 아무리 가슴 [조려도] 소용없어.

바르게 따라 써 보세요.

❶ 생선 좀 절여 줘.

❷ 국물을 너무 졸이면 짜져.

불러 주는 문장을 잘 듣고, 받아쓰세요.

❶ □□□V□□□□V□□□.□□

❷ □□□V□□□□V축구V경기를
보았다.

❸ □□V□□□V□□.

쉬어가기 7 사다리타기

사다리를 타고 도착한 곳에 들어갈 말을 <보기>에서 찾아 써 보세요.

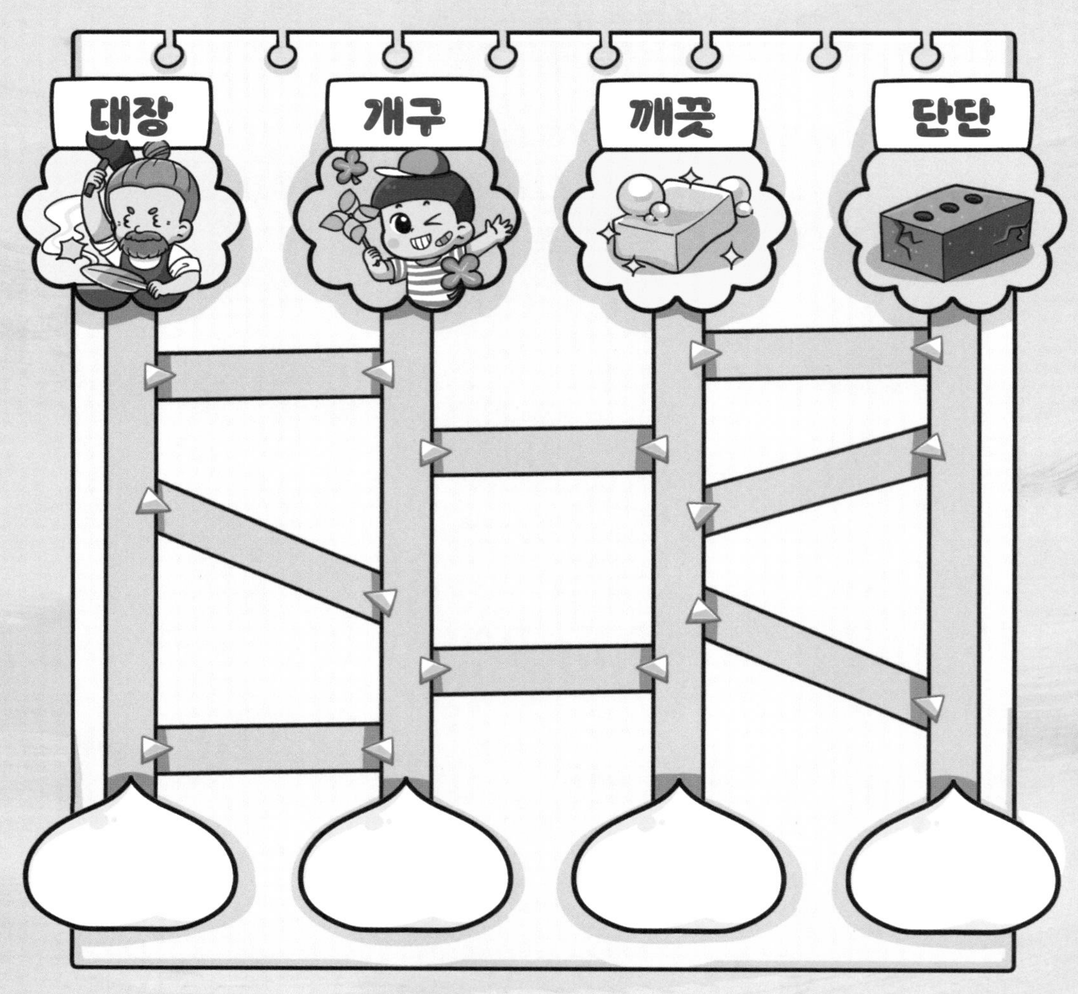

보기

이 히 장이 쟁이

낱말 퍼즐

힌트를 읽고 낱말 퍼즐을 풀어 보세요.

세로 힌트

① 무릎을 꿇고 앉았더니 다리가 ○○○.
② 위에 입는 옷 (↔아래옷)
③ 물건이 없어지다. (지갑을 ○○.)

가로 힌트

① 카페에 ○○○ 밥 먹으러 가자.
② 맨 겉에 입는 옷
③ 양념을 한 고기나 생선, 채소 따위를 국물에 넣고 바짝 끓여서 양념이 배어들게 하다. (생선을 ○○○.)

47 일째

전통 vs 정통

'전통'은 '예로부터 내려오는 양식'이라는 의미예요. '전통 의상', '전통 놀이' 등으로 쓰이는 말이지요. '정통'은 '가장 올바른 계통'이라는 의미라서 '전통'과는 조금 다르게 쓰입니다. 예를 들어 '정통 서양 양식'은 '여러 가지 서양 양식 중에서 가장 정식인 것'이라는 의미예요. 또, '정통'은 '정통으로 맞았다'처럼 '똑바로'의 의미로 쓰이기도 한답니다.

알맞은 단어에 ○를 표시해 보세요.

와, 진짜 과거로 돌아온 것 같아!

요리사가 중국 요리 고수의 수제자라던데!

한옥은 한국의 정통 | 전통 가옥이다.

와, 정통 | 전통 으로 배운 맛이네!

월 일 요일

☐ 안에 <보기>의 단어가 들어가기 어색한 문장을 골라 보세요.

보기
정통

1. 이게 바로 ☐ 궁중 요리란다.
2. 한국의 ☐ 놀이로는 윷놀이가 있다.
3. 이마를 ☐ 으로 맞고 쓰러졌다.
4. ☐ 서양 요리를 먹게 해 줄게.

바르게 따라 써 보세요.

1. 정통으로 뒤통수를 맞다.
2. 우리나라 전통이야.

불러 주는 문장을 잘 듣고, 받아쓰세요.

1. ☐☐☐ V ☐☐ V ☐☐☐ V 소개하겠습니다.
2. 이게 V 중국 V ☐☐ V ☐☐☐☐.
3. ☐☐☐ V ☐☐☐☐ V 맞았어.

짓다 vs 짖다

'짓다'는 '만들다'라는 의미입니다. '집을 짓다, 약을 짓다, 시를 짓다, 미소를 짓다' 등으로 쓰인답니다. '짖다'는 동물이 소리 내는 것을 표현할 때 쓰는 말이에요. 개, 늑대, 까마귀, 까치가 우는 것을 '짖는다'라고 표현하지요. 모음을 연결해 '짖어'가 되면 [지저]로 소리 나기 때문에 'ㅈ'을 앞말 받침으로 돌려주어서 '짖다'로 적는 거예요.

괄호 안의 알맞은 단어에 ○를 표시해 보세요.

☐ 안에 <보기>의 단어가 들어갈 수 없는 문장을 골라 보세요.

보기
짓다

① 큰 집을 ☐.
② 미소를 ☐.
③ 멋진 시를 ☐.
④ 늑대가 ☐.

바르게 따라 써 보세요.

① 30년 후에는 나만의 집을 짓고 싶어요.

② 내가 다가가자 강아지가 갑자기 컹컹 짖었어.

불러 주는 문장을 잘 듣고, 받아쓰세요.

① 예진이가 V V V V .

② V V V .

③ V V V V .

차마 vs 참아

'참아'는 '참다'의 변형이에요. '참다'는 '인내하고 견디다'라는 의미의 말이지요. '참아, 참고, 참으니, 참아서, 참을수록, 참으면, 참으니까' 등 아주 다양한 모습으로 변신해요. 반면 '차마'는 절대로 변신하지 않아요. '부끄럽거나 안타까워서 감히'라는 뜻으로 언제나 '차마'라는 모습으로 다른 말을 꾸미는 역할만을 한답니다.

알맞은 단어에 ○를 표시해 보세요.

그가 우는 모습을 참아 | 차마
눈물 없이 볼 수 없다.

월 일 요일

□ 안에 <보기>의 단어가 들어갈 수 없는 문장을 골라 보세요.

보기

참아

❶ 부끄러워서 □ 얼굴을 들 수 없어.

❷ 힘들어도 조금만 □. 금방 지나가.

❸ 웬만하면 조금만 □ 보기로 하자.

❹ 웃음이 터지는 것을 겨우 □ 냈다.

바르게 따라 써 보세요.

❶ 네가 딱 한 번만 참아.

❷ 차마 오빠의 부탁을 거절하지 못했어.

불러 주는 문장을 잘 듣고, 받아쓰세요.

❶ V V V 포기할 V 순 없어.

❷ V V V .

❸ 사진을 V 찍고 V 싶었지만 V V .

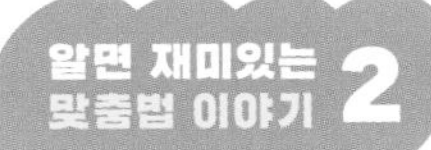

컴퓨터를 너무 믿지 마세요!

컴퓨터는 우리가 올바른 맞춤법을 사용하여 글 쓸 수 있도록 도움을 줘요. 맞춤법이나 띄어쓰기가 틀린 곳에 빨간 줄로 표시해 주고, 아예 올바른 말로 수정해 주기도 해요. 여러분도 혹시 이런 생각이 든 적 있나요? '이렇게 훌륭한 도우미가 있는데 굳이 맞춤법 공부를 할 필요가 있을까? 컴퓨터가 알아서 다 고쳐 주는 세상이잖아!'

맞아요. 컴퓨터는 우리가 맞춤법을 지키는 데 많은 도움을 줍니다. 그런데 말입니다! 컴퓨터는 때때로 아주 이상한 일도 해요. 예를 들어 볼까요? '뜨거운 것을 일부러 놔두어 온도가 내려가게 하다'라는 뜻으로 '뜨거우니까 떡볶이 **식혀서** 먹자'로 쓰려 했는데 **'시켜서'**라고 잘못 썼어요.

식혀서

뜨거우니까 떡볶이 ~~시켜서~~ 먹자.

그런데도 컴퓨터는 이 말이 잘못된 것을 전혀 모릅니다. 왜 그럴까요? 의도와는 다르지만 '떡볶이 시켜서 먹자.'도 올바른 말이거든요. 떡볶이를 배달해서 먹자는 뜻이지요. 이렇게 컴퓨터는 인간이 입력해 준 문장의 옳고 그름만 판단하기 때문에 그 맥락과 의도까지는 파악하지 못해요.

따라서 우리는 전적으로 컴퓨터를 믿기보다, 나의 의도와 의미가 잘 전달될 수 있도록 스스로 맞춤법을 지킬 수 있어야 해요.

3

바른 뜻을 전하는

띄어쓰기

간

‘무엇과 무엇의 사이’를 가리키는 ‘간’은 띄어 써야 합니다. 다만 ‘모자간, 부녀간, 부부간’은 붙여 씁니다. 많이 사용되어 하나의 단어가 되었거든요. ‘동안’의 뜻을 가진 ‘-간’은 언제나 앞말에 붙여 써야 한답니다.

괄호 안에 올바른 띄어쓰기를 찾아 ○를 표시해 보세요.

당연히 강아지가
더 귀엽지!
댕댕!
에이, 강아지보다는
고양이지!
나 고양이 아닌데...
강아지와
(사람간/ 사람 간)에는 말이야~
끈끈한 유대감이 있다고!
고양이와
(집사 간/ 집사간)의 관계가
얼마나 특별한데!

다음 중 올바른 띄어쓰기를 찾아 ○를 표시해 보세요.

지난 **한 달간 | 한 달 간** 이모와 함께 지냈더니 정이 들었어요.

세상이 변하면서 나라와 **나라간 | 나라 간** 의 관계는 더 복잡해졌어요.

바르게 따라 써 보세요.

❶ 아빠와 딸의 관계를 부녀간 관계라고 해요.

❷ 사흘간 회의가 이어졌다.

❸ 친구 간 관계는 복잡해.

불러 주는 문장을 잘 듣고, 받아쓰세요.

❶

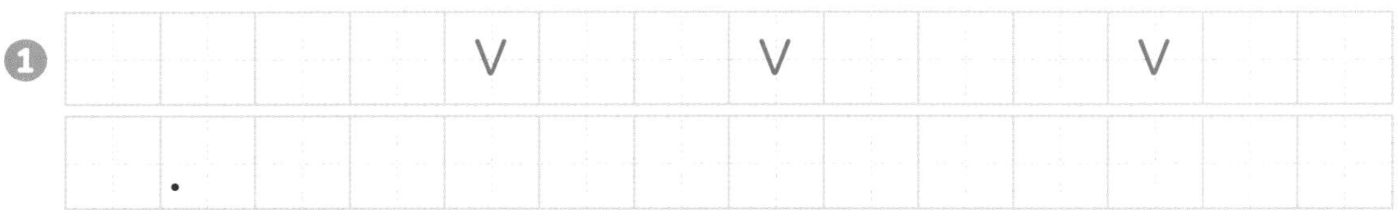

❷

❸

같이

'함께'라는 의미로 쓰이는 '같이'는 앞말과 띄어 써야 해요. 반면 앞에 사람이나 사물이 놓이는 '같이'의 경우 붙여 써야 해요. 이때는 조사로 쓰이거든요. 붙여 쓰는 '같이'는 '-처럼'이라는 의미로 해석돼요.

괄호 안에 올바른 띄어쓰기를 찾아 ○를 표시해 보세요.

오늘은 전학생이 있어요!
자, 모두 환영의 박수~
꾸리는 간단히 자기소개 해 줘!
짝짝
와아~
짝짝

안녕, 반가워 얘들아!
너희들을 만나서 정말 기뻐.
(너희와 같이/너희와같이)
얼른 놀고 싶어.

내 꿈은 우리
(부모님 같이/부모님같이)
멋진 너구리가 되는 거야.

취미는 음악 듣기인데,
(발라드 같이 /발라드같이)
조용한 노래를 좋아해!
앞으로 잘 부탁해!
환영해~

다음 중 올바른 띄어쓰기를 찾아 ○를 표시해 보세요.

오늘 엄마랑 **같이** | 엄마랑**같이** 맛있는 거 먹으러 가자.

경복궁**같이** | 경복궁 **같이** 멋진 궁궐이 남아 있어 좋아요.

바르게 따라 써 보세요.

1 얘들아, 같이 놀자!
2 나는 우리 엄마같이 멋진
사람이 되고 싶어.
3 미주랑 같이 학원에 다니니
까 너무 재미있어.

불러 주는 문장을 잘 듣고, 받아쓰세요.

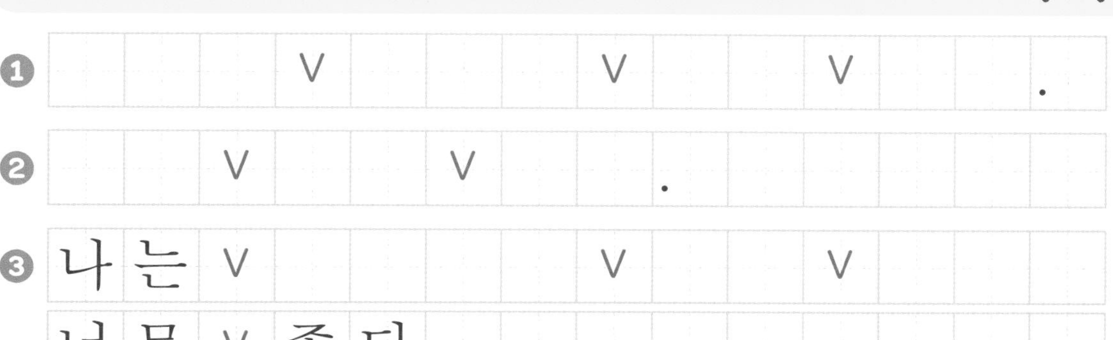

52 일째

거야, 걸

'거야'는 '것이야'의 준말이에요. 말할 때 주로 쓰는 말이지요. '것'은 하나의 단어로 항상 앞말과 띄어 써요. 따라서 그 준말인 '거야'도 앞말과 띄어 써야 한답니다.

한편 '걸'은 '것을'의 준말로, 역시 앞말과 띄어 써요. 다만 '-ㄴ걸, -ㄹ걸'일 때는 앞말과 붙여 쓰지요. 이 말은 '후회나 감탄'의 의미가 있는 말인데, 항상 문장의 끝에 와요.

괄호 안에 올바른 띄어쓰기를 찾아 ○를 표시해 보세요.

광수도 같이 (가는거야/가는 거야)? 왜 안 오지?
그러게…. 그냥 우리 둘이 (볼걸/볼 걸) 그랬나?
앗 늦겠다! 조금만 더 일찍 (나올걸/나올 걸)! 달려~~~
두다다다

다음 중 올바른 띄어쓰기를 찾아 ○를 표시해 보세요.

숙제 좀 미리미리 **할걸 | 할 걸** .

읽을걸 | 읽을 걸 준비해 오길 잘했어.

바르게 따라 써 보세요.

1 누나가 지금은 너보다 훨씬 클 거야.

2 차라리 걸어서 갈걸.

3 내가 먹을 걸 준비했어.

불러 주는 문장을 잘 듣고, 받아쓰세요.

1 ∨ ∨ ?

2 ∨ ∨ .

3 ∨ ∨ ∨ 생각 ∨ 못했어.

53
일째

만, 지

시간의 의미가 있는 '지'는 앞말과 띄어 써야 합니다. 이 '지'는 '어떤 일이 있었던 때로부터 지금까지'를 가리키는 의존 명사랍니다. 시간의 의미가 있는 '만'도 마찬가지로 의존 명사예요. '앞말이 가리키는 동안이나 거리'를 뜻하지요.

라희의 방학 일기입니다. 선생님이 되어 밑줄 친 부분을 바르게 고쳐 보세요.

2021년 2월 12일 금요일	날씨

제목: 즐거운 설날~

방학 ㉠한지 벌써 한 달이 넘었다. 오늘은 바로 즐거운 설날이다!!! 거의 ㉡일 년만에 할머니를 뵈러 간다. ㉢맛있는걸 많이 먹을 수 있겠지?

㉠ ㉡ ㉢

다음 중 올바른 띄어쓰기를 찾아 ○를 표시해 보세요.

우리가 친구 된 **지** | 친구 된**지** 벌써 일 년이 넘었어.

시험 시작한 지 삼십 분 **만에** | 삼십 분**만에** 다 풀었어.

바르게 따라 써 보세요.

❶ 일기를 안 쓴 지 벌써 일 주일이 넘었다.

❷ 개학한 지 아직 하루밖에 안 지났어.

불러 주는 문장을 잘 듣고, 받아쓰세요.

❶ ∨ ∨ ∨ 벌써 ∨ 50일 !

❷ ∨ ∨ ∨ 벌써 5 년이 ∨ 넘었어.

❸ 강아지 ∨ 쫑이가 ∨ ∨ ∨ ∨ .

54
일째

만큼

'만큼'은 의미 및 품사에 따라 띄어 쓰기도 하고 붙여 쓰기도 해요. '할 만큼'처럼 앞에 꾸미는 말의 기본형을 찾을 수 있으면 띄어 써야 해요. 반면 '너만큼'처럼 사물이나 사람이 앞에 놓이는 '만큼'은 조사이므로 붙여 써야 해요. '만'이나 '뿐'도 이와 마찬가지니 함께 기억해 두세요.

괄호 안에 올바른 띄어쓰기를 찾아 ○를 표시해 보세요.

월 일 요일

다음 중 올바른 띄어쓰기를 찾아 ○를 표시해 보세요.

아무리 애써도 영어는 **국어만큼** | **국어 만큼** 성적이 오르지 않아.

누구든지 **노력한만큼** | **노력한 만큼** 보상받으면 좋겠다.

바르게 따라 써 보세요.

1 먹은 만큼 운동할 거야.

2 너만큼 착한 사람은 아마도 없을 거야.

3 나를 이렇게 챙겨 주는 사람은 너뿐이야.

불러 주는 문장을 잘 듣고, 받아쓰세요.

1 장훈이 V V V .

2 V V .

3 V V 기쁨도 V 커.

55 일째

못 하다, 못하다

붙여 쓰는 '못하다'는 '잘하다'의 반대말이에요. 반면 띄어 쓰는 '못 하다'는 그 일을 하지 못한 것을 말한답니다. 다만, '못 하다'와 같은 말인 '~지 못하다'일 때의 '못하다'는 언제나 붙여 써야 해요.

다음 중 오디션에서 노래를 못 한 사람을 골라 보세요.

❶ 미나 ❷ 나영 ❸ 은호

다음 중 올바른 띄어쓰기를 찾아 ○를 표시해 보세요.

나는 철봉 턱걸이를 잘 **못**해 | **못** 해 .

어제 너무 아파서 숙제를 **못**했어요 | **못** 했어요 .

차마 그건 말하지 **못**했어 | **못** 했어 .

바르게 따라 써 보세요.

❶ 아직 발표를 못 했어.

❷ 너무 긴장해서 평소보다 말을 못했어.

불러 주는 문장을 잘 듣고, 받아쓰세요.

❶			V				V				V			.
❷			V				V		V			.		
❸	아	직	V	내	V	차	례	가	V		V			V
				V		V			.					

쉬어가기 8 낱말 퍼즐

띄어쓰기가 바른 것에 색칠해 보세요.
어떤 모양이 나올까요?

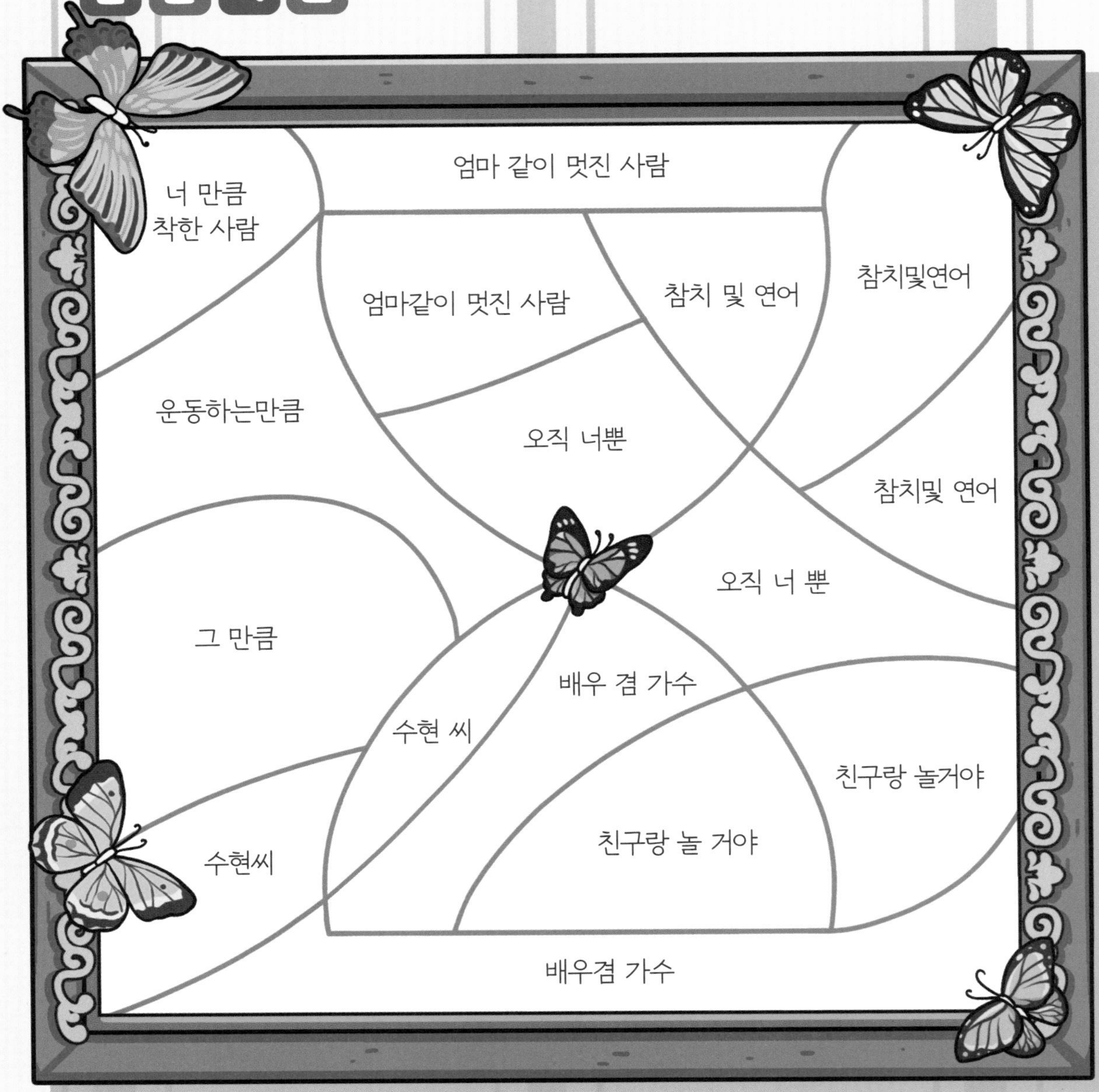

너 만큼 착한 사람

엄마 같이 멋진 사람

엄마같이 멋진 사람

참치 및 연어

참치및연어

운동하는만큼

오직 너뿐

참치및 연어

오직 너 뿐

그 만큼

배우 겸 가수

수현 씨

친구랑 놀거야

친구랑 놀 거야

수현씨

배우겸 가수

정답

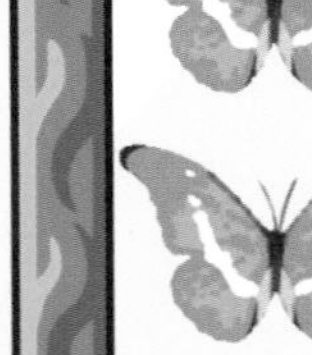

낱말퍼즐

띄어쓰기가 바른 것에 색칠해 보세요.
어떤 모양이 나올까요?

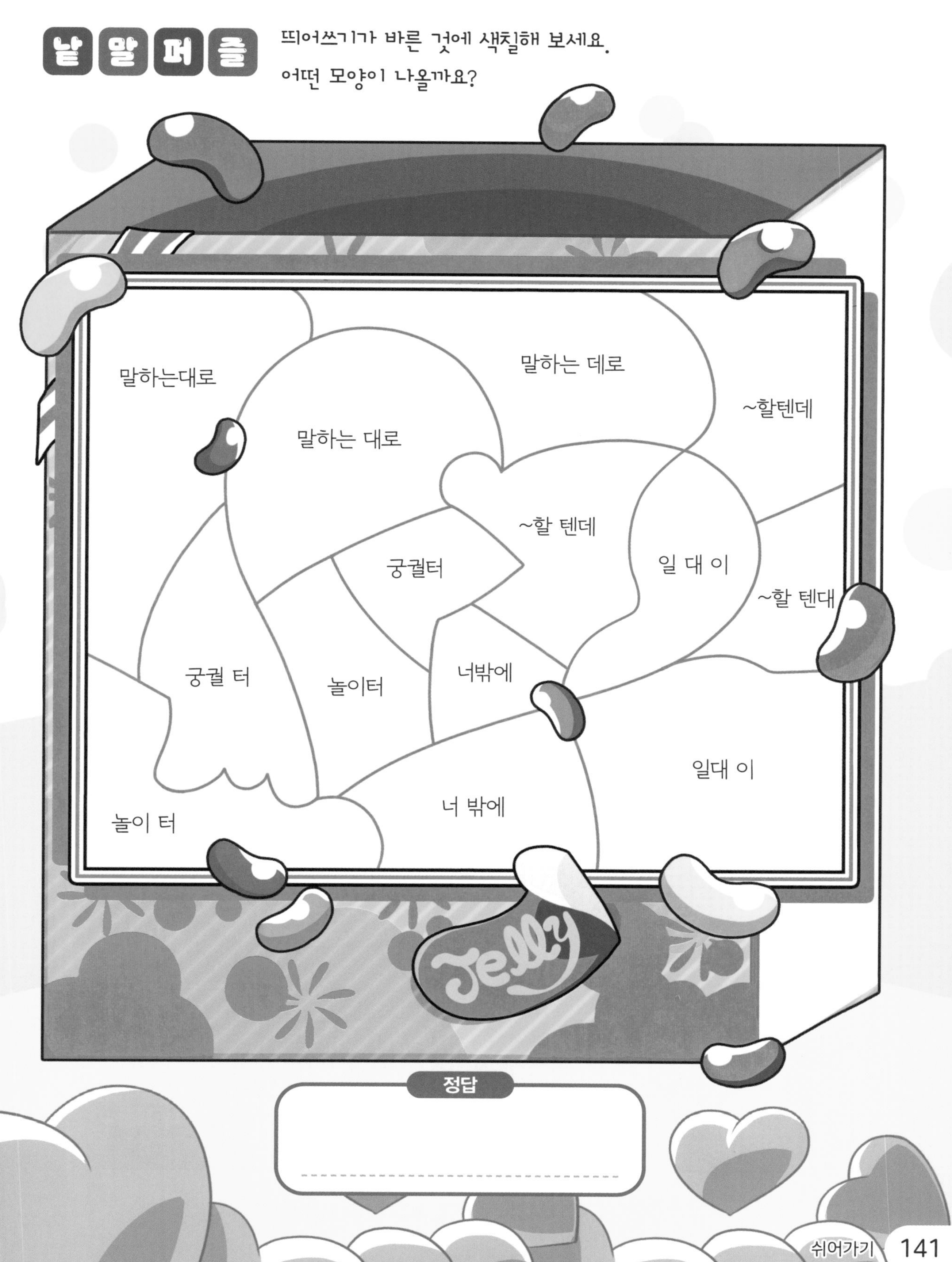

정답

밖에

'안에'와 반대말인 '밖에'는 앞말과 띄어 써요. 반면 '이외에는'이나 '말고는'이라는 의미의 '밖에'는 조사이므로 붙여 써야 해요.

밑줄 친 문장 중 띄어 쓰는 '밖에' 앞에 V를 표시해 보세요.

다음 중 올바른 띄어쓰기를 찾아 ○를 표시해 보세요.

엄마가 올 때까지 **집 밖으로 | 집밖으로** 나갈 수 없어.

나 지금 지갑에 **오백 원밖에 | 오백 원 밖에** 없어.

바르게 따라 써 보세요.

숙제한 사람 나밖에 없어.

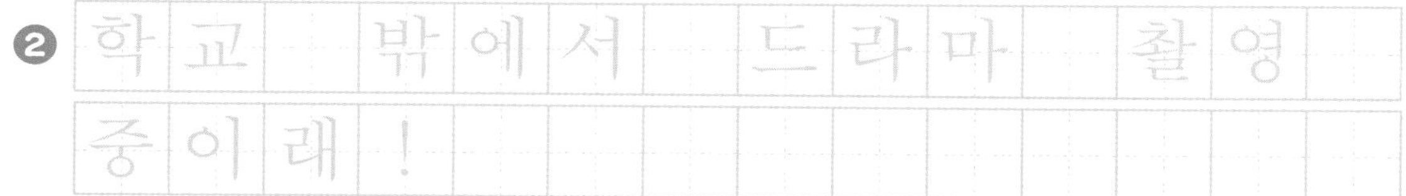

학교 밖에서 드라마 촬영
중이래!

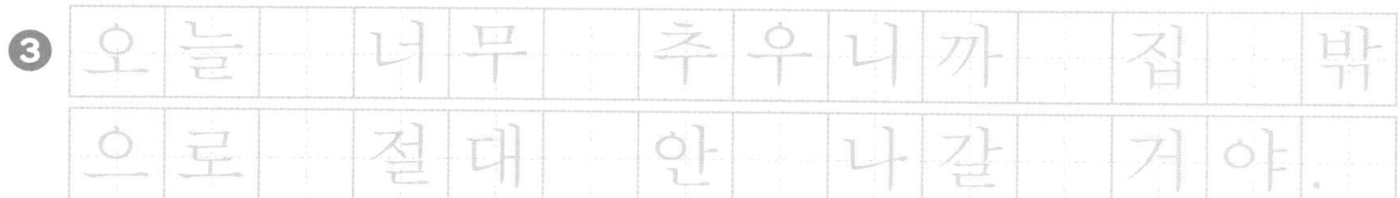

오늘 너무 추우니까 집 밖
으로 절대 안 나갈 거야.

불러 주는 문장을 잘 듣고, 받아쓰세요.

V V .

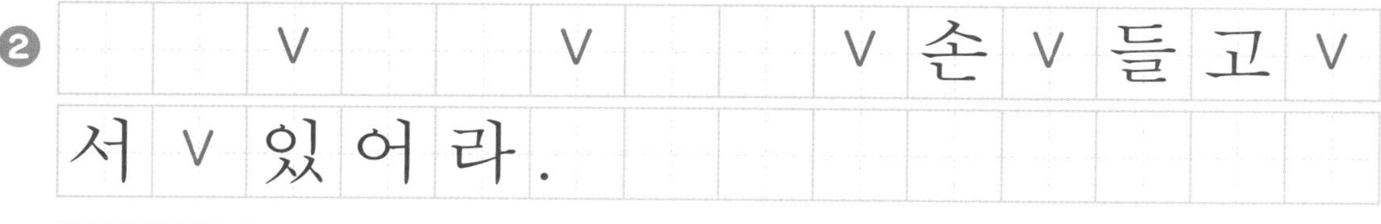

V V V 손 V 들고 V
서 V 있어라.
V V V ?

57 일째

이다

'서술어'는 문장 안에서 주어의 움직임이나 상태, 성질 등을 나타내는 말이에요. 어떤 단어를 서술어로 만들고 싶다면 뒤에 '이다'를 붙이면 됩니다. '이다'는 조사이며, '서술어의 자격을 준다'라는 뜻으로 이름이 '서술격 조사'입니다. '이다'는 '이니, 이고, 이어서, 이면'으로 바뀐다는 것도 알아 두세요.

다음 중 띄어쓰기가 틀린 사람을 골라 보세요.

❶ 유나 ❷ 아린 ❸ 지수 ❹ 채영

월 일 요일

다음 중 올바른 띄어쓰기를 찾아 ○를 표시해 보세요.

한마디도 하지 않은 것은 너무 화나서**이다** | 화나서 **이다** .

아무리 귀한 자식**이라도** | 자식 **이라도** 혼낼 때는 혼내야 한다.

바르게 따라 써 보세요.

1. 서울은 우리나라 수도이다.
2. 나의 보물 1호는 강아지 인형이다.
3. 내 친구 수빈이는 유명한 아역 배우이다.

불러 주는 문장을 잘 듣고, 받아쓰세요.

1. 이 V 그룹은 V 가요계의 V ... V ... .
2. ... V ... .
3. 승훈이는 V ... V ... .

58 일째

큰 형, 큰형

'큰'과 '형'은 의미에 따라 띄어 쓰기도 하고 붙여 쓰기도 합니다. '큰'과 '형'이 각각 의미가 있으면 띄어 써야 합니다. 반면 붙여 쓰는 '큰형'은 형이 여럿일 때 나이가 가장 많은 형을 가리킵니다. 나이순으로 정한 것이기 때문에 이 단어 안의 '큰'은 '몸집'이나 '키'가 크다는 것을 뜻하지 않습니다. '작은 형, 작은형'의 띄어쓰기도 마찬가지랍니다.

올바른 띄어쓰기에 ○를 표시해 보세요.

우리 중 키가 가장 **작은형 | 작은 형** 이 우리 **큰형 | 큰 형** 입니다.

키가 제일 **큰형 | 큰 형** 이 **작은형 | 작은 형** 이고요.

월 일 요일

다음 중 올바른 띄어쓰기를 찾아 ○를 표시해 보세요.

지난주에 우리 집 장남인 **큰형 | 큰 형** 이 집에 왔어.

저 형은 우리 학교에서 키가 가장 **큰형 | 큰 형** 이야.

바르게 따라 써 보세요.

1. 나보다 키가 큰 형
2. 우리 큰형은 19살이야.
3. 큰형과 작은형은 1살 차이인데, 매일 싸운다.

불러 주는 문장을 잘 듣고, 받아쓰세요.

1. ___ V _ V __ V ___ .
2. ___ V ___ V ____ .
3. __ V ___ V _ V ___ V 힘도 V 제일 V 세다.

터

'터'는 자리나 장소를 의미하는 명사입니다. 당연히 띄어 쓰는 말이지요. 단, '터'가 다른 말과 합쳐진 '놀이터, 낚시터, 일터, 궁궐터'와 같은 말은 항상 붙여 써야 해요. 이전 단어와 다른 새로운 한 단어가 되었기 때문이에요. 한편, 장소의 의미가 아니어도 항상 띄어 써야 하는 '터'가 있어요. '미래에 무엇을 할 것'이라고 말하거나 추측할 때 주로 쓰는 말이에요. 이 '터'는 '예정, 추측, 의지'를 나타내는 의존 명사랍니다. '할 테야, 갈 테야, 할 텐데, 갈 텐데'처럼 '터' 앞에는 항상 '-ㄹ'이 온다는 점도 기억해 주세요.

올바른 띄어쓰기를 찾아 ○를 표시해 보세요.

2021년 5월 21일 금요일	날씨

제목: 행복한 수학여행

우리 반은 경주로 수학여행을 왔다.
옛날에 절이 있던 곳을 구경하고,
신라의 옛 **궁궐터** | 궁궐 **터** 도 보았다.
시간이 더 많았다면 좀 더 많은 곳을 둘러볼 수
있었을**텐데** | 있었을 **텐데** . 조금 아쉬웠다.

다음 중 올바른 띄어쓰기를 찾아 ○를 표시해 보세요.

내일은 꼭 축구를 **할 테야 | 할테야** .

내일 비가 오지 않으면 놀이공원에 **갈 텐데 | 갈텐데** !

바르게 따라 써 보세요.

1. 일찍 자고 일찍 일어나야 키가 더 클 텐데.

2. 신석기 사람들이 머물던 터예요.

불러 주는 문장을 잘 듣고, 받아쓰세요.

1. ∨ ∨ ∨

2. 우리 ∨ 집은 ∨ ∨ ∨

3. 나라면 ∨ 저 ∨ 피자를 ∨ ∨ ∨ !

60
일째

한 번, 한번

'한'과 '번'이 각각의 의미를 가지면 띄어 써야 합니다. '한'에 진짜로 '하나'의 의미가 분명한 경우지요. '두 번, 세 번'과 짝을 이루어서 숫자를 가리키는 경우가 대부분입니다. 한편, 붙여 쓰는 '한번'은 새로운 의미를 가진 하나의 단어입니다. '기회'나 '시도'를 의미할 때 주로 쓰입니다. 이 경우에는 '한'에 들어 있는 숫자의 의미가 중요하지 않답니다.

괄호 안에 올바른 띄어쓰기를 찾아 ○를 표시해 보세요.

흠…. 이건 시도해 본 적 없는데, (한 번/한번) 먹어 볼까?

시큰둥~

나 매운 거 싫어! 안 먹어!

독도 라면

수현아! 너도 이거 먹어 볼래? 완전 맵대! 너 먹으면 두 개 끓이게!

5분 뒤

너 안 먹는다고 했잖아. 절대 못 줘! 하나만 끓였단 말이야.

슬쩍

오빠, 딱 (한 번/한번)만 봐주라. 한 입만 먹으면 안 될까?

콱

으휴

월 일 요일

다음 중 올바른 띄어쓰기를 찾아 ○를 표시해 보세요.

곱창은 한 번 | 한번 도 먹어 본 적 없어.

어렵더라도 한 번 | 한번 도전해 볼래요!

바르게 따라 써 보세요.

1 그 노래는 한 번도 안 들어 봤어.

2 이거 한번 해 볼래?

불러 주는 문장을 잘 듣고, 받아쓰세요.

1 V V V V V !

2 V V V !

3 V V V V V .

한 번?/한번?, 한 잔?/한잔?

한 번/한번, 한 잔/한잔 모두 맞는 말이에요. 띄어 쓰려면 띄우고 붙여 쓰려면 붙이지, 왜 이렇게 띄었다 붙였다 헷갈리게 하냐고요? **그건 바로, 띄어쓰기에 따라 뜻이 아예 달라지기 때문이에요.**

예를 들어 볼게요. 여러분이 게임을 하려고 친구에게 이렇게 메시지를 보내요. "이따가 게임 한 번 하자." 이건 띄어쓰기 그대로 게임을 '한 번' 하자는 의미예요. '두 번, 세 번'과 짝을 이루는 거지요. 반면, 붙여 쓰는 '한번'은 의미가 달라져요. 여기에는 '시도하다, 기회를 얻다'라는 의미가 들었거든요. 원래 '한 번'에서 온 말이지만 이렇게 다른 의미를 가지면서 새로운 단어가 된 거예요. 새로 하나의 단어가 되었으니 붙여 쓰는 거지요.

그럼 이것을 '한 잔, 한잔'에 적용해 볼까요? 어른들의 대화를 예로 들어 보지요. '우리 술 한 잔 하자.' 이렇게 띄어 적으면 술을 딱 한 잔만 마셔야 해요. 띄어 쓴 '한'의 의미가 '두 잔, 석 잔'과 짝을 맞추는 거지요. 반면 '한잔하자'라고 붙여 쓰면 '술을 마시는 시간을 갖자'라는 새로운 의미가 돼요. 이렇게 다른 의미가 생겨서 새로운 한 단어가 된 거지요. 이때는 '한' 안에 있는 '하나의'라는 의미가 중요하지 않아요. '오늘은 딱 한 잔만 먹을래요.'처럼 숫자의 의미가 중요할 때만 띄어 쓰는 거예요.

이렇게 띄어쓰기에 따라 의미가 달라지는 말들이 있다는 점을 기억해 두세요.

정답

개수 ⭘ 갯수 ✖

1일째 12쪽 / 13쪽

밑줄 친 단어가 맞춤법에 맞으면 ○, 틀리면 ×에 표시해 보세요.

다음 중 맞춤법이 올바르지 않은 단어를 골라 보세요.

❶ 횟수 ❷ 세방 ❸ 곳간 ❹ 숫자 ❺ 개수

(정답: ❷)

바르게 따라 써 보세요.

❶ 개수를 잘 세서 열 사람에게 똑같이 나누어 주자.
❷ 사탕의 개수를 세어 보자.
❸ 맞은 개수와 틀린 개수를 정확히 세어 보세요.

불러 주는 문장을 잘 듣고, 받아쓰세요.

❶ 숫자 ∨ 놀이는 ∨ 참 ∨ 재미있어.
❷ 공부 ∨ 횟수를 ∨ 늘리다.
❸ 별의 ∨ 개수를 ∨ 세다.

곱빼기 ⭘ 곱배기 ✖

2일째 14쪽 / 15쪽

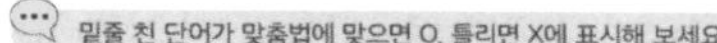

밑줄 친 단어가 맞춤법에 맞으면 O, 틀리면 X에 표시해 보세요.

□□ 안에 <보기>의 말이 들어갈 수 없는 낱말을 골라 보세요.

보기: **빼기**

❶ 뚝□□ ❷ 곱□□ ❸ 고들□□ ❹ 코□□ ❺ 밑장 □□

(정답: ❶)

바르게 따라 써 보세요.

❶ 흥부가 아픈데도 놀부는 코빼기도 내밀지 않았다.
❷ 준현이는 늘 짜장면을 곱빼기로 먹는다.

불러 주는 문장을 잘 듣고, 받아쓰세요.

❶ 고들빼기김치 ∨ 먹어 ∨ 봤어?
❷ 저는 ∨ 곱빼기로 ∨ 주세요.
❸ 코빼기도 ∨ 내밀지 ∨ 않다.

과녁 ⊙ 과녁 ⊗

3일째 16쪽 / 17쪽

밑줄 친 단어가 맞춤법에 맞으면 O, 틀리면 X에 표시해 보세요. ○ ⊗

다음 중 잘못 수정한 단어를 골라 보세요.

❶ 부억 → 부엌　❷ 남녁 → 남녘
③ 과녁 → 과녘 (정답)　❹ 새벽녁 → 새벽녘

바르게 따라 써 보세요.

❶ 멀리 있는 과녁을 맞히는 건 절대 쉽지 않아.
❷ 화살이 과녁에 명중했어.
❸ 양궁 선수들이 멋지게 과녁을 맞혀 금메달을 땄다.

불러 주는 문장을 잘 듣고, 받아쓰세요.

❶ 과녁을 ∨ 정확히 ∨ 맞히다.
❷ 과녁을 ∨ 향해 ∨ 쏘세요!
❸ 네 ∨ 인생의 ∨ 과녁은 ∨ 뭐니?

기울이다 ⊙ 기우리다 ⊗

4일째 18쪽 / 19쪽

밑줄 친 단어가 맞춤법에 맞으면 O, 틀리면 X에 표시해 보세요. ○ ⊗

<보기>의 말과 의미가 통하지 않는 것을 골라 보세요.

보기: 귀를 기울이다

❶ 집중하다　❷ 잘 듣다　❸ 진심으로 임하다
④ 비뚤게 하다 (정답)　❺ 노력을 쏟다

바르게 따라 써 보세요.

❶ 정성을 기울여서 만들었어.
❷ 예린아, 귀를 기울여 봐!

불러 주는 문장을 잘 듣고, 받아쓰세요.

❶ 레고에 ∨ 관심을 ∨ 기울이다.
❷ 갓 ∨ 데뷔한 ∨ 가수에 ∨ 마음을 ∨ 기울이다.
❸ 달콤한 ∨ 목소리에 ∨ 귀를 ∨ 기울이다.

눈살 ⊙ 눈쌀 ⊗

5일째 20쪽 / 21쪽

밑줄 친 단어가 맞춤법에 맞으면 O, 틀리면 X에 표시해 보세요. (O)

□ 안에 <보기>의 말이 들어갈 수 없는 낱말을 골라 보세요.

❶ 햇□ ❷ 눈□ ❸ 화□ ❹ 몸□ ⑤ 찹□ (정답: ⑤)

바르게 따라 써 보세요.

❶ 날 바라보는 나은이의 눈살이 너무 따가웠어.
❷ 훈이는 늘 눈살을 찌푸려.
❸ 눈살 찌푸리면 주름 생겨.

불러 주는 문장을 잘 듣고, 받아쓰세요.

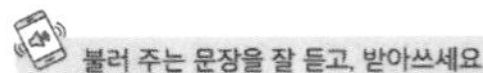

❶ 눈살이 ∨ 펴질 ∨ 날이 ∨ 없다.
❷ 여동생이 ∨ 눈살을 ∨ 찌푸렸다.
❸ 눈살 ∨ 좀 ∨ 펴세요.

발자국 ⊙ 발자욱 ⊗

6일째 22쪽 / 23쪽

밑줄 친 단어가 맞춤법에 맞으면 O, 틀리면 X에 표시해 보세요. (O)

<보기> 속 □□에 공통으로 올 수 있는 낱말을 골라 보세요.

보기: 발□□ 칼□□ 눈물□□ 손톱□□ 핏□□

❶ 깎이 ❷ 같이 ❸ 가락 ④ 자국 ❺ 냄새 (정답: ④)

바르게 따라 써 보세요.

❶ 공룡 발자국을 찾아보자!
❷ 눈밭에서 토끼 발자국을 발견했다.
❸ 발자국을 따라가면 무언가를 발견할 거야.

불러 주는 문장을 잘 듣고, 받아쓰세요.

❶ 몇 ∨ 발자국 ∨ 뒤로 ∨ 물러나라.
❷ 팔에 ∨ 손톱자국이 ∨ 났다.
❸ 눈물 ∨ 자국을 ∨ 감추었다.

방귀 ⊙ 방구 ✖

7일째 26쪽 / 27쪽

밑줄 친 단어가 맞춤법에 맞으면 O, 틀리면 X에 표시해 보세요. (O) X

부~웅
아우 냄새~ 방귀 뀐 애 누구야!?
웅성웅성
벌떡
안 봐도 뻔하네. 명수구나….
드르렁~
범인
휴
휴, 다행이다. 사실 난데ㅋㅋ 명수야 고맙다~

□ 안에 <보기>의 말이 들어갈 수 없는 낱말을 골라 보세요.

보기
귀

① 까마□ ② 방□ (③) 비둘□ ④ 당나□ ⑤ 글□

바르게 따라 써 보세요.

① 방귀 뀐 놈이 성낸다.
② 방귀 뀌다가 똥이 나왔다.
③ 방귀를 뀐 건 내가 아니었는데 오해를 받았다.

불러 주는 문장을 잘 듣고, 받아쓰세요.

① 명수 ∨ 방귀 ∨ 냄새는 ∨ 지독해.
② 방귀를 ∨ 어떻게 ∨ 참니!
③ 방귀를 ∨ 뽕뽕 ∨ 뀌다.

뵈요 ⊙ 봬요 ✖

8일째 28쪽 / 29쪽

밑줄 친 단어가 맞춤법에 맞으면 O, 틀리면 X에 표시해 보세요. O (X)

다음 주까지 숙제 꼭 해 와!
저 평일에 시간이 진짜 없어요.
평일에 아무것도 안 하는 거 다 알아….
끄덕!

그럼 주말에 하면 되겠다. 그렇지?
안타깝지만, 주말에는 늘 할아버지를 뵈요.
하하
너희 할아버지 미국에 계시잖아!!!

□ 안에 <보기>의 말이 들어갈 수 없는 것을 골라 보세요.

보기
뵈

① □면 (②) □도 ③ □고도 ④ □더니 ⑤ □자

바르게 따라 써 보세요.

① 선생님, 주말 지나고 월요일에 봬요!
② 그렇게 먹으면 돼지 돼요.
③ 수업 시간에 친구끼리 떠들면 안 돼요.

불러 주는 문장을 잘 듣고, 받아쓰세요.

① 할머니! ∨ 이제 ∨ 자주 ∨ 봬요.
② 절대 ∨ 안 ∨ 돼.
③ 친구를 ∨ 놀리면 ∨ 안 ∨ 돼요.

사귀다 ⊙ 사기다 ⊗

9일째 30쪽 / 31쪽

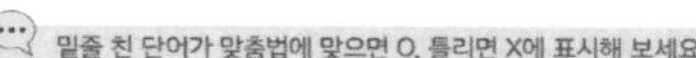

밑줄 친 단어가 맞춤법에 맞으면 O, 틀리면 X에 표시해 보세요.

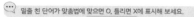

아래 <보기> 단어들의 기본형을 써 보세요.

보기

사귀고, 사귀니, 사귀어서, 사귀니까, 사귀자면, 사귀더라도, 사귀자니까, 사귀면

기본형

사귀다

※ 기본형은 바뀌지 않는 부분 뒤에 '다'를 붙이면 됩니다.

바르게 따라 써 보세요.

❶ 새로 사귄 친구는 어때?
❷ 우리 오늘부터 사귈까?

불러 주는 문장을 잘 듣고, 받아쓰세요.

❶ 친구∨많이∨사귀었어?
❷ 스스로∨바뀌어야∨해.
❸ 초록불로∨바뀌었다.

설레다 ⊙ 설레이다 ⊗

10일째 32쪽 / 33쪽

밑줄 친 단어가 맞춤법에 맞으면 O, 틀리면 X에 표시해 보세요.

다음 중 이를 삭제하지 않아야 오른쪽과 같은 뜻이 되는 단어를 골라 보세요.

❶ 개이다 흐린 날씨가 맑아지다.
❷ 조이다 느슨한 것을 단단하거나 팽팽하게 하다. (정답)
❸ 목매이다 어떤 일이나 사람에게 매우 의지하다.
❹ 헤매이다 어디로 갈지 몰라 이리저리 돌아다니다.
❺ 설레이다 기대로 두근거리다.

바르게 따라 써 보세요.

❶ 마음이 설레는 봄
❷ 누군가를 사랑하면 설레요.

불러 주는 문장을 잘 듣고, 받아쓰세요.

❶ 설렌∨때∨가슴이∨두근거려.
❷ 설레는∨이∨마음은∨뭘까?
❸ 너를∨생각하니∨너무∨설레.

안성맞춤 ⊙ 안성마춤 ✕

11일째 34쪽 / 35쪽

밑줄 친 단어가 맞춤법에 맞으면 O, 틀리면 X에 표시해 보세요. ⊙ ✕

□안에 <보기>의 말이 들어갈 수 없는 낱말을 골라 보세요.

❶ 해□이 ❷ 안성□춤 ❸ 알□다 ❹ □잡다 ⑤ 매운□

바르게 따라 써 보세요.

❶ 초등학생에게 안성맞춤인 책
❷ 노래와 춤이 안성맞춤이야.
❸ 그 신발은 발이 작은 너에게 딱 안성맞춤이야.

불러 주는 문장을 잘 듣고, 받아쓰세요.

❶ 콜라는∨피자에∨안성맞춤!
❷ 혼자∨놀기에∨안성맞춤이야.
❸ 딱∨안성맞춤이네.

어이없다 ⊙ 어의없다 ✕

12일째 36쪽 / 37쪽

밑줄 친 단어가 맞춤법에 맞으면 O, 틀리면 X에 표시해 보세요. ⊙ ✕

'어이없다'와 의미가 통하지 않는 것을 골라 보세요.

❶ 기막히다 ❷ 어처구니없다 ❸ 뜻밖이다
❹ 허무맹랑하다 ⑤ 말뜻이 없다

바르게 따라 써 보세요.

❶ 나를 의심하다니, 정말 어이없어!
❷ 어이없어서 할 말도 없어.
❸ 오늘 학교에서 너무 어이없는 일을 겪었어요.

불러 주는 문장을 잘 듣고, 받아쓰세요.

❶ 너무∨유치하고∨어이없다.
❷ 그렇게∨가다니∨어이없다.
❸ 정말∨어이없는∨아이다.

엎지르다 ⊙ 업지르다 ⊗

13일째 40쪽 / 41쪽

밑줄 친 단어가 맞춤법에 맞으면 O, 틀리면 X에 표시해 보세요. (O)

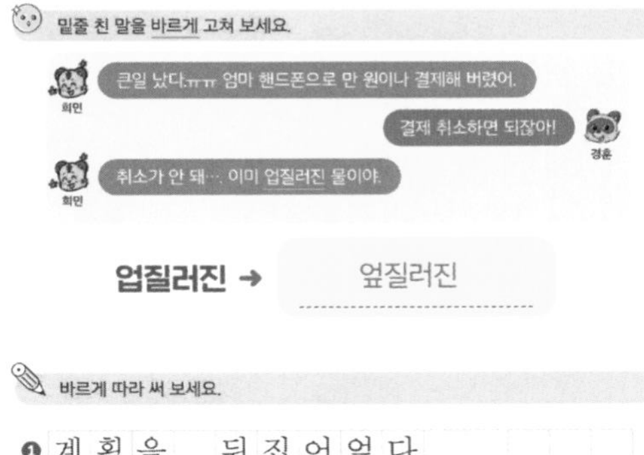

밑줄 친 말을 바르게 고쳐 보세요.

업질러진 → 엎질러진

바르게 따라 써 보세요.

❶ 계획을 뒤집어엎다.
❷ 음식 엎지르지 마.

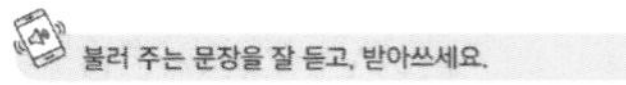

불러 주는 문장을 잘 듣고, 받아쓰세요.

❶ 책상에 ∨ 음료수를 ∨ 엎질렀다.
❷ 쟁기로 ∨ 논을 ∨ 갈아엎다.
❸ 이미 ∨ 엎질러진 ∨ 물이야.

역할 ⊙ 역활 ⊗

14일째 42쪽 / 43쪽

밑줄 친 단어가 맞춤법에 맞으면 O, 틀리면 X에 표시해 보세요. (X)

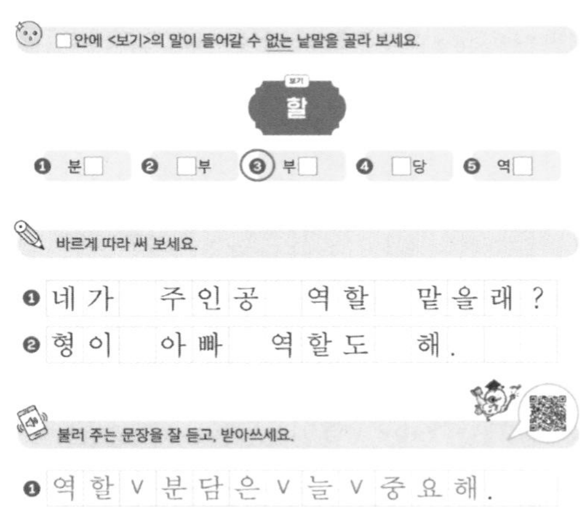

□안에 <보기>의 말이 들어갈 수 없는 낱말을 골라 보세요.

보기: 할

❶ 분□ ❷ □부 ❸ 부□ (정답) ❹ □당 ❺ 역□

바르게 따라 써 보세요.

❶ 네가 주인공 역할 맡을래?
❷ 형이 아빠 역할도 해.

불러 주는 문장을 잘 듣고, 받아쓰세요.

❶ 역할 ∨ 분담은 ∨ 늘 ∨ 중요해.
❷ 그 ∨ 감독은 ∨ 우리나라의 ∨ 영화 발전에 ∨ 큰 ∨ 역할을 ∨ 하였다.
❸ BTS는 ∨ K-POP ∨ 열풍에 아주 ∨ 큰 ∨ 역할을 ∨ 하였다.

연거푸 ⊙ 연거퍼 ⊗

15일째 44쪽 / 45쪽

밑줄 친 단어가 맞춤법에 맞으면 O, 틀리면 X에 표시해 보세요. O ⊗

밑줄 친 말을 바르게 고쳐 □안에 써 보세요.

우리 딸: 아빠! 언제 와요? 벌써 경기 시작했어요!

이제 곧 도착해! 어떻게 되고 있어?

우리 딸: 벌써 연거퍼 두 골이나 내줬어요. ㅠㅠ

이런! 연 거 푸 두 골이라니⋯ 쉽지 않겠는걸?

바르게 따라 써 보세요.

❶ 연거푸 흉작이 들었다.

❷ 떡볶이를 연거푸 3일 동안 먹었다.

불러 주는 문장을 잘 듣고, 받아쓰세요.

❶ 아버지는 ∨ 연거푸 ∨ 붕어 ∨ 다섯 마리를 ∨ 잡으셨다.

❷ 그는 ∨ 연거푸 ∨ 손을 ∨ 씻었다.

❸ 연거푸 ∨ 해도 ∨ 질리지 ∨ 않아.

오랜만에 ⊙ 오랫만에 ⊗

16일째 46쪽 / 47쪽

밑줄 친 단어가 맞춤법에 맞으면 ○, 틀리면 ×에 표시해 보세요.

<보기> 속 □안의 말을 줄여 한 글자로 써 보세요.

랜

바르게 따라 써 보세요.

❶ 아저씨, 오랜만에 봬요.

❷ 오랜만에 승윤이를 만나요.

불러 주는 문장을 잘 듣고, 받아쓰세요.

❶ 오랜만에 ∨ 햄버거 ∨ 먹자.

❷ 오랜만에 ∨ 밖에 ∨ 나왔더니 ∨ 기분이 ∨ 좋아.

❸ 삼촌을 ∨ 오랜만에 ∨ 봬요.

온갖 ⊙ 왼갖 ⊗

17일째 48쪽 / 49쪽

밑줄 친 단어가 맞춤법에 맞으면 ○, 틀리면 ×에 표시해 보세요. **(○)** ×

□ 안에 <보기>의 말이 들어갈 수 없는 낱말을 골라 보세요.

❶ □다 ❷ □추다 ❸ 온□ **(❹)** 샷□ ❺ □가지

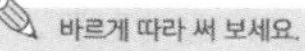

바르게 따라 써 보세요.

❶ 온갖 재주 부리기

❷ 온갖 수단을 동원하다.

❸ 온갖 꾀를 부렸지만 엄마에게는 통하지 않았다.

불러 주는 문장을 잘 듣고, 받아쓰세요.

❶ 온갖 ∨ 장난감이 ∨ 다 ∨ 있네?

❷ 텃밭엔 ∨ 온갖 ∨ 채소가 ∨ 있다.

❸ 행사에는 ∨ 온갖 ∨ 사람이 ∨ 몰려들었다.

움큼 ⊙ 웅큼 ⊗

18일째 50쪽 / 51쪽

밑줄 친 단어가 맞춤법에 맞으면 O, 틀리면 X에 표시해 보세요. O **(X)**

□ 안에 <보기>의 말이 들어갈 수 없는 낱말을 골라 보세요.

❶ □큼 ❷ □집 ❸ □막 ❹ □트다 **(❺)** □크리다

바르게 따라 써 보세요.

❶ 초콜릿을 한 움큼 집었다.

❷ 사탕을 한 움큼 샀다.

❸ 눈을 한 움큼 모았다.

불러 주는 문장을 잘 듣고, 받아쓰세요.

❶ 모래를 ∨ 한 ∨ 움큼만 ∨ 집어 ∨ 오세요.

❷ 돈을 ∨ 꽉 ∨ 움키고 ∨ 있으렴.

❸ 한 ∨ 움큼이 ∨ 너무 ∨ 적잖아!

육개장 ⊙ 육계장 ⊗

19일째 54쪽 / 55쪽

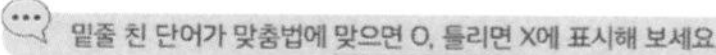

밑줄 친 단어가 맞춤법에 맞으면 O, 틀리면 X에 표시해 보세요. ⓧ

□ 안에 <보기>의 말이 들어갈 수 없는 낱말을 골라 보세요.

보기: 계

❶ □단 ❷ □란 ⓷ 육□장 ❹ 삼□탕 ❺ □산기

바르게 따라 써 보세요.

❶ 육개장 너무 맛있어요!
❷ 이 육개장은 너무 매워.

불러 주는 문장을 잘 듣고, 받아쓰세요.

❶ 할머니가∨만드신∨육개장이∨최고야.
❷ 육개장을∨오래∨끓였다.
❸ 우리∨엄마가∨좋아하는∨음식은∨육개장과∨삼계탕이다.

익숙지 ⊙ 익숙치 ⊗

20일째 56쪽 / 57쪽

밑줄 친 단어가 맞춤법에 맞으면 O, 틀리면 X에 표시해 보세요. ⓞ

하지 가 <보기>의 글자로 줄어들지 않는 낱말을 골라 보세요.

보기: 지

❶ 대답하지 ❷ 익숙하지 ❸ 답답하지 ⓸ 노련하지 ❺ 떳떳하지

바르게 따라 써 보세요.

❶ 영어가 익숙지 않아.
❷ 대답지 않는 이유가 있니?
❸ 나는 너처럼 대단치 않아.

불러 주는 문장을 잘 듣고, 받아쓰세요.

❶ 익숙지∨않아서∨서툴러.
❷ 떳떳지∨못하다면∨하지∨마.
❸ 그∨사람은∨너처럼∨답답지∨않아.

장맛비 ⊙ 장마비 ⊗

21일째 58쪽 / 59쪽

밑줄 친 단어가 맞춤법에 맞으면 O, 틀리면 X에 표시해 보세요. 

다음 주까지 장맛비가 내릴 예정이며….
안 돼! 다음 주가 소풍인데!ㅠㅠ

우앵

다음 주
장마 기간이 길어져 이번 주에도 연이어 비가 내릴 예정입니다….
또 비야!?

소풍 당일
우르릉
콰광
붕
붕
쏴아아아
도대체 왜 자꾸 소풍날 비가 오는 거냐고!

다음 중 맞춤법이 올바르지 않은 단어를 골라 보세요.

❶ 장맛비 ❷ 촛불 ❸ 갯수 (정답) ❹ 등굣길 ❺ 기찻길

바르게 따라 써 보세요.

❶ 여름마다 장맛비가 오면 장화를 신어요.

❷ 등굣길은 늘 즐거워.

❸ 촛불이 꺼지지 않도록 계속 신경 써야 해.

불러 주는 문장을 잘 듣고, 받아쓰세요.

❶ 장맛비∨때문에∨너무∨습해.

❷ 계속되는∨장맛비에∨집에만∨있어요.

❸ 여름∨장맛비는∨오래∨내려.

폭발 ⊙ 폭팔 ⊗

22일째 60쪽 / 61쪽

밑줄 친 단어가 맞춤법에 맞으면 O, 틀리면 X에 표시해 보세요. 

엄마 오는 소리 들리면 바로 말해 줘야 해!
끄덕
형아! 형아! 엄마 온다!!
후다닥
뽕뽕

당장 컴퓨터 안 꺼!?
형, 엄마 폭팔 직전이야!!
안 들린다~

□ 안에 <보기>의 말이 들어갈 수 없는 낱말을 골라 보세요.

보기
발

❶ 폭□ ❷ 신□ ❸ 재□ ❹ 출□점 ❺ 나□꽃 (정답)

바르게 따라 써 보세요.

❶ 너 때문에 폭발 직전이야.

❷ 그 옷은 폭발적 인기를 끌었다.

불러 주는 문장을 잘 듣고, 받아쓰세요.

❶ 화학∨물질이∨반응하여∨큰∨폭발이∨일어났다.

❷ BTS에∨대한∨세계의∨반응은∨폭발적이다.

❸ 화산이∨폭발했다.

가르치다 vs 가리키다

23일째 64쪽 / 65쪽

부엉이 박사의 말 중 맞춤법이 틀린 부분을 찾아 바르게 고쳐 보세요. (2개)

틀린 곳		알맞게 고쳐 보세요
가르치는	→	가리키는
가르키는지	→	가리키는지

알맞은 단어에 ○를 표시해 보세요.

선생님께서 손을 씻는 올바른 방법을

❶ 가르쳐 (○) ❷ 가르켜 ❸ 가리켜 주셨습니다.

바르게 따라 써 보세요.

❶ 선생님은 칠판을 가리키시며 영어를 가르치셨다.

❷ 시곗바늘이 두 시를 가리켰어요.

불러 주는 문장을 잘 듣고, 받아쓰세요.

❶ 지도를 ∨ 가리키다.

❷ 동생은 ∨ 가르치기 ∨ 어려워.

❸ 손가락으로 ∨ 글자를 ∨ 하나하나 가리키다.

갔다 vs 갖다 vs 같다

24일째 66쪽 / 67쪽

□ 안에 들어갈 알맞은 말을 선으로 이어 보세요.

비가 올 것 □아서 우산을 □고 학교에 □다.
갖
갔
같

□□ 안에 <보기>의 단어가 들어갈 수 없는 문장을 골라 보세요.

보기: 갖다

❶ 불만을 □□. ❷ 호감을 □□.

❸ 나이가 □□. (○) ❹ 흥미를 □□.

바르게 따라 써 보세요.

❶ 누나가 준 돈 갖고 심부름 갔다 와라.

❷ 쌍둥이라 생김새가 같아.

불러 주는 문장을 잘 듣고, 받아쓰세요.

❶ 공 ∨ 갖고 ∨ 왔니?

❷ 같은 ∨ 값이면 ∨ 다홍치마

❸ 어제 ∨ 학교에 ∨ 갔었어.

-개 vs -게

25일째 68쪽 / 69쪽

밑줄 친 단어가 맞춤법에 맞으면 ○, 틀리면 ×에 표시해 보세요.  ×

□ 안에 <보기>의 말이 들어갈 수 없는 것을 골라 보세요.

❶ 베□ ❷ 지우□ ❸ 마□ ④ 족집□ ❺ 덮□

바르게 따라 써 보세요.

❶ 피자 가게에 같이 가서 맛있는 피자를 먹자.

❷ 지우개 좀 빌려줄래?

❸ 족집게로 할머니의 흰머리를 뽑았어요.

불러 주는 문장을 잘 듣고, 받아쓰세요. 

❶ 점심에 ∨ 김치찌개를 ∨ 먹었다.

❷ 집게 ∨ 좀 ∨ 건네줄래?

❸ 게으름 ∨ 피우는 ∨ 건 ∨ 싫어.

낫다 vs 낳다

26일째 70쪽 / 71쪽

편지의 내용 중 맞춤법이 틀린 부분을 찾아 바르게 고쳐 보세요. (1개)

× 틀린 곳: 낳기를 → ○ 알맞게 고쳐 보세요: 낫기를

□□ 안에 <보기>의 단어가 들어갈 수 없는 문장을 골라 보세요.

❶ 병이 다 □□.
❷ 그 옷이 더 □□.
③ 아이를 □□.
❹ 여름이 겨울보다 □□.

바르게 따라 써 보세요.

❶ 백지장도 맞들면 낫다고요.

❷ '낳다'와 '낫다'의 차이를 알아야 해.

불러 주는 문장을 잘 듣고, 받아쓰세요. 

❶ 이 ∨ 색이 ∨ 훨씬 ∨ 낫지?

❷ 얼른 ∨ 다 ∨ 나았으면 ∨ 좋겠다.

❸ 우리 ∨ 집 ∨ 강아지가 ∨ 새끼를 ∨ 낳았어요.

무치다 vs 묻히다

27일째 72쪽 / 73쪽

괄호 안에서 ㉠과 ㉡에 각각 알맞은 말을 찾아 써 보세요.

(무쳤다 / 묻혔다)

<보기>의 단어 앞에 올 수 없는 것을 골라 보세요. (2개)

❶ 시금치를 ❷ 먼지를 ❸ 콩나물을 ❹ 물감을

바르게 따라 써 보세요.

❶ 손에 물감 묻히기 싫어.

❷ 나물을 무칠 때는 참기름이 필요해.

불러 주는 문장을 잘 듣고, 받아쓰세요.

❶ 시금치 ∨ 무쳐 ∨ 먹자!

❷ 땅에 ∨ 돈을 ∨ 묻어 ∨ 놓았어.

❸ 역사 ∨ 속에 ∨ 묻힌 ∨ 진실은 ∨ 무엇일까?

바라다 vs 바래다

28일째 74쪽 / 75쪽

유리가 쓴 편지를 읽고, 맞춤법이 틀린 부분을 찾아 바르게 고쳐 보세요. (1개)

틀린 곳: 바래 → 알맞게 고쳐 보세요: 바라

알맞은 문장이 되도록 선으로 이어 보세요.

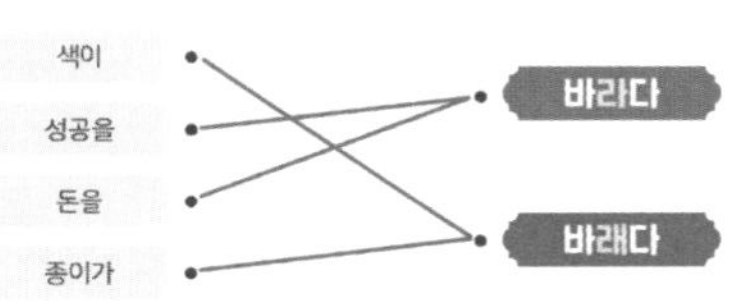

바르게 따라 써 보세요.

❶ 네가 행복하기를 바라.

❷ 바랜 종이에 편지를 썼다.

불러 주는 문장을 잘 듣고, 받아쓰세요.

❶ 바랜 ∨ 사진이지만 ∨ 소중히 ∨ 간직하길 ∨ 바라.

❷ 모두가 ∨ 건강하기를 ∨ 바라요.

❸ 색이 ∨ 바래서 ∨ 안 ∨ 예뻐요.

-박이 vs -배기

29일째 78쪽 / 79쪽

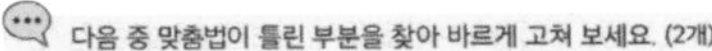

다음 중 맞춤법이 틀린 부분을 찾아 바르게 고쳐 보세요. (2개)

틀린 곳		알맞게 고쳐 보세요
차돌배기	→	차돌박이
오이소배기	→	오이소박이

□□ 안에 <보기>의 말이 들어갈 수 없는 것을 골라 보세요.

보기: 박이

❶ 점□□ ❷ 차돌□□ ❸ 판□□ ❹ 언덕□□ ❺ 불□□

정답: ❹

바르게 따라 써 보세요.

❶ 내 동생은 세 살배기야.
❷ 민아는 언덕배기에 갔어.
❸ 아빠와 나는 판박이야.

불러 주는 문장을 잘 듣고, 받아쓰세요. 

❶ 우리 ∨ 강아지는 ∨ 점박이예요.
❷ 내가 ∨ 가장 ∨ 좋아하는 ∨ 고기는 차돌박이예요.
❸ 오이소박이가 ∨ 최고야!

반드시 vs 반듯이

30일째 80쪽 / 81쪽

괄호 안에서 ㉠과 ㉡에 각각 알맞은 말을 찾아 써 보세요.

(반듯이 / 반드시)

㉠ 반드시

㉡ 반듯이

<보기>의 말과 의미가 통하지 않는 것을 골라 보세요.

보기: 반듯이

❶ 곧다 ❷ 바르다 ❸ 펴다 ❹ 굽지 않다 ❺ 기울다

정답: ❺

바르게 따라 써 보세요.

❶ 반듯이 앉아야 해.
❷ 반듯한 태도는 중요하다.

불러 주는 문장을 잘 듣고, 받아쓰세요. 

❶ 그 ∨ 약속 ∨ 반드시 ∨ 지킬게!
❷ 노인은 ∨ 평생을 ∨ 반듯이 ∨ 살아왔다.
❸ 말과 ∨ 행동은 ∨ 반드시 ∨ 일치해야 ∨ 한다.

배다 vs 베다

31일째 82쪽 / 83쪽

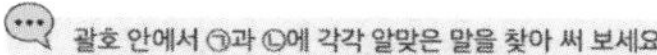

괄호 안에서 ㉠과 ㉡에 각각 알맞은 말을 찾아 써 보세요.

집에서 만들기 숙제를 하다가
손을 (㉠)었다.
아빠의 앞치마에
떡볶이 냄새가 (㉡)어 있었다.

(배 / 베)

□ 안에 <보기>의 말이 들어갈 수 없는 낱말을 골라 보세요.

❶ □우 ❷ □개 ❸ □추 ❹ □탈 (정답: ❷)

바르게 따라 써 보세요.

❶ 엄마의 무릎을 베고 눕다.

❷ 삼촌과 잡초를 베었다.

❸ 일이 손에 배지 않았다.

불러 주는 문장을 잘 듣고, 받아쓰세요.

❶ 종이에 V 손이 V 베였다.

❷ 새 V 베개를 V 베고 V 누우니 V 잠이 V 잘 V 온다.

❸ 옷에 V 고기 V 냄새가 V 배었다.

벌리다 vs 벌이다

32일째 84쪽 / 85쪽

다음 중 맞춤법이 틀린 부분을 찾아 바르게 고쳐 보세요. (1개)

무슨 일을
벌리려는 거지?
수군
수군
또 어떤
꿍꿍이야!
집을 나가자…
몰래…
샥
흠….
반드시 알아낸다!
어머! 내 선물을
사려던 거구나?!

틀린 곳: 벌리려는 → 알맞게 고쳐 보세요: 벌이려는

□□□ 안에 <보기>의 단어가 들어갈 수 없는 문장을 골라 보세요.

❶ 돈이 □□□. ❷ 사이를 □□□. ❸ 일을 □□□. ❹ 자루를 □□□. (정답: ❸)

바르게 따라 써 보세요.

❶ 책상 간격 벌리세요.

❷ 할아버지 생신에는 동네잔치를 벌인다.

불러 주는 문장을 잘 듣고, 받아쓰세요.

❶ 손 V 벌리면 V 과자 V 줄게!

❷ 예나는 V 팔을 V 벌리고 V 나를 V 안았다.

❸ 일 V 벌이지 V 마라.

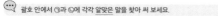

부수다 vs 부시다

33일째 86쪽 / 87쪽

괄호 안에서 ㉠과 ㉡에 들어갈 단어의 기본형을 찾아 써 보세요.

(부시다 / 부수다)

<보기>의 단어와 의미가 통하지 않는 말을 골라 보세요.

❶ 강렬하다 ❷ 눈이 시리다 ❸ 찬란하다 ④ 망가지다

바르게 따라 써 보세요.

❶ 실수로 핸드폰을 부쉈어.
❷ 눈이 부시게 푸른 날
❸ 누나가 내 예쁜 모래성을 부숴 버렸어.

불러 주는 문장을 잘 듣고, 받아쓰세요.

❶ 햇빛 ∨ 때문에 ∨ 눈이 ∨ 부시다.
❷ 동생이 ∨ 장난감을 ∨ 부쉈어.
❸ 열쇠를 ∨ 잃어버려서 ∨ 자물쇠를 부숴야 ∨ 해요.

부치다 vs 붙이다

34일째 88쪽 / 89쪽

밑줄 친 말을 바르게 고쳐 보세요.

부치지 → 붙이지

☐안에 들어갈 수 없는 단어를 골라 보세요.

❶ 우표 ❷ 불 ❸ 스티커 ④ 소포

바르게 따라 써 보세요.

❶ 더워서 소매를 걷어붙였어.
❷ 편지를 부쳐 주세요.
❸ 선생님이 칭찬 스티커를 붙여 주셨어요.

불러 주는 문장을 잘 듣고, 받아쓰세요.

❶ 우리 ∨ 형이 ∨ 부친 ∨ 전이 ∨ 제일 맛있어.
❷ 부채로 ∨ 부치면 ∨ 시원해.
❸ 편지에 ∨ 우표를 ∨ 붙여야 ∨ 해.

빗다 vs 빚다

35일째 92쪽 / 93쪽

밑줄 친 말을 바르게 고쳐 보세요.

빗어 → 빚어

<보기>의 말과 가장 의미가 잘 통하는 말을 골라 보세요.

보기: 빚다

① 형태를 만들다 ② 술을 담그다 ③ 재료를 만지다 ④ 가지런하게 하다 (정답: ④)

바르게 따라 써 보세요.

① 아침에는 머리를 빗어요.
② 다 같이 만두를 빚자!
③ 추석에 가족들 모두 모여서 송편을 빚었어요.

불러 주는 문장을 잘 듣고, 받아쓰세요.

① 머리를 ∨ 곱게 ∨ 빗었다.
② 찹쌀로 ∨ 술을 ∨ 빚는대요.
③ 예전에는 ∨ 흙으로 ∨ 항아리를 ∨ 빚어 ∨ 음식을 ∨ 담았다.

섞다 vs 썩다

36일째 94쪽 / 95쪽

괄호 안에서 ㉠과 ㉡에 각각 알맞은 말을 찾아 써 보세요.

(썩 / 섞)

㉠ 섞

㉡ 썩

□ 안에 <보기>의 말이 들어갈 수 없는 문장을 골라 보세요.

보기: 썩

① 카드를 □다 ② 과일이 □다 ③ □은 냄새가 나다 ④ □은 생선 (정답: ①)

바르게 따라 써 보세요.

① 색을 섞어 색칠해 볼래?
② 저기 봐, 나무가 썩었어!
③ 과일이 썩기 전에 서둘러 먹어야 해.

불러 주는 문장을 잘 듣고, 받아쓰세요.

① 생선이 ∨ 썩은 ∨ 것 ∨ 같아.
② 음식이 ∨ 썩으면 ∨ 버려야 ∨ 해.
③ 다양한 ∨ 꽃을 ∨ 섞어 ∨ 심어요.

싸이다 vs 쌓이다

37일째 96쪽 / 97쪽

괄호 안에서 ㉠, ㉡, ㉢에 각각 알맞은 말을 찾아 써 보세요.

(싸인 / 쌓인 / 쌀)

ㄱ  쌓인

ㄴ  쌀

ㄷ  싸인

☐ 안에 잘못된 어휘가 들어간 문장을 골라 보세요.

❶ 책상에 먼지가 많이 싸였다.
❷ 금은보화가 산더미처럼 쌓였다.
❸ 강둑이 갈대로 둘러 싸였다.
❹ 어느새 빨랫감이 많이 쌓였다.

바르게 따라 써 보세요.

❶ 블록 쌓고 놀자.
❷ 삼겹살을 상추로 쌌어.
❸ 돌을 쌓아서 탑을 만들자.

불러 주는 문장을 잘 듣고, 받아쓰세요. 

❶ 빚이 ∨ 자꾸만 ∨ 쌓인다.
❷ 그 ∨ 아이의 ∨ 정체는 ∨ 여전히 ∨ 비밀에 ∨ 싸여 ∨ 있다.
❸ 시간이 ∨ 지나면 ∨ 슬픔이 ∨ 더 ∨ 쌓인다.

어떡해 vs 어떻게

38일째 98쪽 / 99쪽

괄호 안의 알맞은 단어에 ○를 표시해 보세요.

☐에 <보기>의 말이 들어갈 수 없는 문장을 골라 보세요.

보기: 어떡해

❶ 자꾸 이러면 ☐?
❷ 성적이 너무 떨어졌어. ☐!
❸ ☐ 나한테 그럴 수가 있니?
❹ 아무리 생각해도 ☐야 할지 모르겠어.

바르게 따라 써 보세요.

❶ 이제 어떻게 할 거야?
❷ 석진이 화났잖아! 어떡해!

불러 주는 문장을 잘 듣고, 받아쓰세요. 

❶ 맹구를 ∨ 어떻게 ∨ 골려 ∨ 줄까?
❷ 벌써 ∨ 포기하면 ∨ 어떡해?
❸ 어떻게 ∨ 그런 ∨ 생각을 ∨ 하니?

업다 vs 엎다 / 집다 vs 짚다

39일째 100쪽 / 101쪽

알맞은 단어에 ○를 표시해 보세요.

할머니는 아기를 (업고) 엎고

지팡이를 집었다 (짚었다) .

[ ] 친 부분의 맞춤법이 잘못된 문장을 골라 보세요.

❶ 소금 좀 [집어] 줄래?

❷ 벽을 [짚고] 일어나면 돼.

(❸) 그릇을 [업어서] 물이 쏟아졌다.

❹ [엎어지면] 코 닿을 데에 산다.

바르게 따라 써 보세요.

❶ 나는 동생을 늘 업어 줘.

❷ 젓가락으로 콩을 집는 것은 어려워.

불러 주는 문장을 잘 듣고, 받아쓰세요.

❶ 할아버지가 ∨ 지팡이를 ∨ 짚고 ∨ 계셨어.

❷ 장난치다가 ∨ 밥상을 ∨ 엎었어.

❸ 땅 ∨ 짚고 ∨ 헤엄치기야.

왠지 vs 웬

40일째 102쪽 / 103쪽

괄호 안의 알맞은 단어에 ○를 표시해 보세요.

[ ] 안에 <보기>의 단어가 들어갈 수 없는 문장을 골라 보세요.

❶ [ ] 걱정이 그리 많니?

❷ [ ] 까닭인지 알 수 없다.

❸ 네가 [ ] 일로 여기까지 왔어?

(❹) 다시 온 이유가 [ ] 지 잘 모르겠어.

바르게 따라 써 보세요.

❶ 어머, 웬일이니!

❷ 왠지 오늘은 잠이 안 와.

❸ 그 말은 왠지 기분 나빠.

불러 주는 문장을 잘 듣고, 받아쓰세요.

❶ 웬 ∨ 떡이야?

❷ 웬 ∨ 비가 ∨ 이렇게 ∨ 내릴까?

❸ 그의 ∨ 말은 ∨ 왠지 ∨ 불길하다.

웃옷 vs 윗옷

41일째 106쪽 / 107쪽

괄호 안에서 ㉠과 ㉡에 각각 알맞은 말을 찾아 써 보세요.

(웃 / 윗)

□안에 <보기>의 말이 들어갈 수 없는 낱말을 골라 보세요.

보기: 웃

❶ □통 ❷ □풍 ❸ □음 ④ □마을

바르게 따라 써 보세요.

❶ 어제 윗옷을 새로 샀어.
❷ 추워서 웃옷을 입었다.
❸ 항상 아래옷과 윗옷이 어울려야 해.

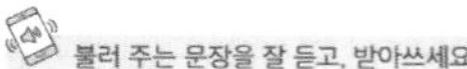

불러 주는 문장을 잘 듣고, 받아쓰세요.

❶ 그는∨항상∨웃옷∨단추를∨다 채운다.
❷ 이∨바지,∨윗옷과∨어울려?
❸ 웃옷을∨벗으면∨추워.

-이 vs -히

42일째 108쪽 / 109쪽

밑줄 친 단어가 맞춤법에 맞으면 ○, 틀리면 ×에 표시해 보세요. 

□안에 <보기>의 말이 들어갈 수 없는 것을 골라 보세요.

보기: 이

❶ 곰곰□ ② 꼼꼼□ ❸ 따뜻□ ❹ 일찍□ ❺ 깨끗□

바르게 따라 써 보세요.

❶ 알림장을 꼼꼼히 확인하자.
❷ 꾸준히 따라했더니 춤이 좀 늘었어.

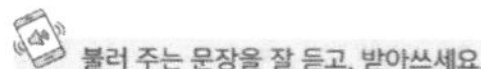

불러 주는 문장을 잘 듣고, 받아쓰세요.

❶ 무엇을∨할지∨곰곰이∨생각해 보자.
❷ 깨끗이∨청소해야∨해.
❸ 가만히∨있어∨봐.

이따가 vs 있다가

43일째 110쪽 / 111쪽

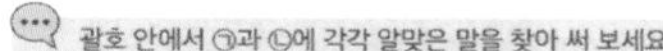

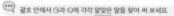

괄호 안에서 ㉠과 ㉡에 각각 알맞은 말을 찾아 써 보세요.

(있다가 / 이따가)

안에 <보기>의 단어가 들어갈 수 없는 문장을 골라 보세요.

보기: 이따가

❶ ☐ 둘이 있을 때 얘기하자.
❷ 지금 바빠. ☐ 다시 통화하자.
❸ ☐ 시영이가 전화하면 나가자.
④ 카페에 ☐ 노래방에 가자.

바르게 따라 써 보세요.

❶ 조금 이따가 만나자.
❷ 친구네 집에 있다가 올게.

불러 주는 문장을 잘 듣고, 받아쓰세요.

❶ 혼나는∨동생∨옆에∨있다가∨날벼락∨맞았다.
❷ 돈은∨있다가도∨없어.
❸ 숙제는∨이따가∨할래.

잃다 vs 잊다

44일째 112쪽 / 113쪽

다음 중 맞춤법이 틀린 부분을 찾아 바르게 고쳐 보세요. (2개)

✕ 틀린 곳		○ 알맞게 고쳐 보세요
잃어버렸어	→	잊어버렸어
잊어버린	→	잃어버린

안에 <보기>의 단어가 들어갈 수 없는 문장을 골라 보세요.

보기: 잊다

① 일자리를 ☐. ❷ 시험 시간을 ☐.
❸ 약속을 ☐. ❹ 수학 공식을 ☐.

바르게 따라 써 보세요.

❶ 7시 본방 사수 잊지 마!
❷ 다이어리를 잃어버렸어.
❸ 누나와의 약속을 잊어버려서 누나가 화났어.

불러 주는 문장을 잘 듣고, 받아쓰세요.

❶ 소∨잃고∨외양간∨고친다.
❷ 지갑을∨잃어버렸다.
❸ 영어∨단어를∨잊지∨않게∨열심히∨외우렴.

-장이 vs -쟁이 45일째 114쪽 / 115쪽

민이의 자기소개를 보고 밑줄 친 말을 바르게 고쳐 보세요.

안녕? 날 소개하지!
이름은 하 민.
다락 초등학교
최고의 래퍼 겸 개구장이!
벌레를 무서워하는
겁장이인 건 반전 매력~
날 보고 싶다면?
4학년 3반에 놀러 와~

개구장이 → 개구쟁이

겁장이 → 겁쟁이

□□ 안에 <보기>의 말이 들어갈 수 없는 것을 골라 보세요.

보기: 쟁이

① 대장□□ ② 개구□□ ③ 고집□□ ④ 멋□□ ⑤ 겁□□

(정답: ①)

바르게 따라 써 보세요.

① 나는 우주 최고 멋쟁이야.
② 민이는 엄청난 개구쟁이야.
③ 내 동생은 아무도 못 말리는 떼쟁이야.

불러 주는 문장을 잘 듣고, 받아쓰세요.

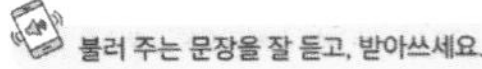

① 대장장이는 ∨ 어떤 ∨ 일을 ∨ 해?
② 이런 ∨ 고집쟁이는 ∨ 처음 ∨ 봐.
③ 우리 ∨ 아빠는 ∨ 멋쟁이야.

저리다 vs 절이다 / 조리다 vs 졸이다 46일째 116쪽 / 117쪽

알맞은 단어에 ○를 표시해 보세요.

김치를 담그려면 먼저 배추를 소금에 (절여야) / 저려야 해요.

마음을 조리며 / (졸이며) 응원해요.

□ 친 부분의 맞춤법이 옳지 않은 문장을 골라 보세요.

① 그렇게 마음 졸이지 말고 직접 찾아가렴.
② 나는 멸치 조림을 제일 좋아해.
③ 다리가 저려서 아무것도 할 수 없어.
④ 아무리 가슴 조려도 소용없어.

(정답: ④)

바르게 따라 써 보세요.

① 생선 좀 절여 줘.
② 국물을 너무 졸이면 짜져.

불러 주는 문장을 잘 듣고, 받아쓰세요.

① 멸치를 ∨ 간장에 ∨ 조리다.
② 마음을 ∨ 졸이며 ∨ 축구 ∨ 경기를 보았다.
③ 팔이 ∨ 너무 ∨ 저려.

전통 vs 정통

47일째 120쪽 / 121쪽

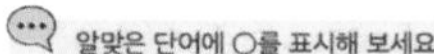

알맞은 단어에 ○를 표시해 보세요.

와, 진짜 과거로 돌아온 것 같아!

요리사가 중국 요리 고수의 수제자라던데!

한옥은 한국의
정통 (전통) 가옥이다.

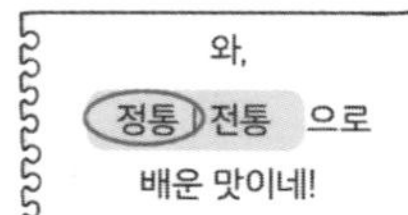
와,
(정통) 전통 으로
배운 맛이네!

☐ 안에 <보기>의 단어가 들어가기 어색한 문장을 골라 보세요.

보기: 정통

① 이게 바로 ☐ 궁중 요리란다.
(②) 한국의 ☐ 놀이로는 윷놀이가 있다.
③ 이마를 ☐ 으로 맞고 쓰러졌다.
④ ☐ 서양 요리를 먹게 해 줄게.

바르게 따라 써 보세요.

① 정통으로 뒤통수를 맞다.
② 우리나라 전통이야.

불러 주는 문장을 잘 듣고, 받아쓰세요.

① 한국의 ∨ 전통 ∨ 의상을 ∨ 소개하겠습니다.
② 이게 ∨ 중국 ∨ 정통 ∨ 요리야.
③ 머리를 ∨ 정통으로 ∨ 맞았어.

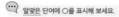

짓다 vs 짖다

48일째 122쪽 / 123쪽

괄호 안의 알맞은 단어에 ○를 표시해 보세요.

옳지~ 예쁘지~? 쉬이이이~
...
둥

개가 ((짖지)/짓지)도 않다니. 오늘 운수가 좋네!
...

☐ 안에 <보기>의 단어가 들어갈 수 없는 문장을 골라 보세요.

보기: 짓다

① 큰 집을 ☐.
② 미소를 ☐.
③ 멋진 시를 ☐.
(④) 늑대가 ☐.

바르게 따라 써 보세요.

① 30년 후에는 나만의 집을 짓고 싶어요.
② 내가 다가가자 강아지가 갑자기 컹컹 짖었어.

불러 주는 문장을 잘 듣고, 받아쓰세요.

① 예진이가 ∨ 짓는 ∨ 미소는 ∨ 참 ∨ 예쁘다.
② 너에 ∨ 대한 ∨ 시를 ∨ 지었어.
③ 죄 ∨ 짓고는 ∨ 못 ∨ 사는 ∨ 거야.

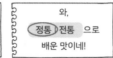

ㄱㄴㄷㄹ

차마 vs 참아

49일째 124쪽 / 125쪽

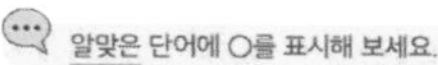
알맞은 단어에 ○를 표시해 보세요.

왕…잊어 달라
하였느냐…!
왈칵!

훌쩍!

벌컥
뭐야!
무슨 일이야!
왜 울어!!
드라마가 너무
슬퍼요…. 으앙….

그가 우는 모습을 참아 (차마)
눈물 없이 볼 수 없다.

□ 안에 <보기>의 단어가 들어갈 수 없는 문장을 골라 보세요.

보기: 참아

(❶) 부끄러워서 □ 얼굴을 들 수 없어.
❷ 힘들어도 조금만 □. 금방 지나가.
❸ 웬만하면 조금만 □ 보기로 하자.
❹ 웃음이 터지는 것을 겨우 □ 냈다.

바르게 따라 써 보세요.

❶ 네가 딱 한 번만 참아.
❷ 차마 오빠의 부탁을 거절하지 못했어.

불러 주는 문장을 잘 듣고, 받아쓰세요.

❶ 차마 ∨ 이제 ∨ 와서 ∨ 포기할 ∨ 순 없어.
❷ 아무리 ∨ 참아도 ∨ 화가 ∨ 나.
❸ 사진을 ∨ 찍고 ∨ 싶었지만 ∨ 차마 못 ∨ 찍었다.

간

50일째 128쪽 / 129쪽

괄호 안에 올바른 띄어쓰기를 찾아 ○를 표시해 보세요.

당연히 강아지가
더 귀엽지!
에이, 강아지보다는
고양이지!
강아지와
(사람간, (사람 간))에는 말이야~
끈끈한 유대감이 있다고!
고양이와
((집사 간), 집사간)의 관계가
얼마나 특별한데!

다음 중 올바른 띄어쓰기를 찾아 ○를 표시해 보세요.

지난 (한 달간) 한 달 간 이모와 함께 지냈더니 정이 들었어요.
세상이 변하면서 나라와 나라간 (나라 간) 의 관계는 더 복잡해졌어요.

바르게 따라 써 보세요.

❶ 아빠와 딸의 관계를 부녀간 관계라고 해요.
❷ 사흘간 회의가 이어졌다.
❸ 친구 간 관계는 복잡해.

불러 주는 문장을 잘 듣고, 받아쓰세요.

❶ 사흘간은 ∨ 사흘 ∨ 동안을 ∨ 뜻한다.
❷ 동물 ∨ 간 ∨ 대화가 ∨ 가능할까?
❸ 서울과 ∨ 부산 ∨ 간의 ∨ 거리

같이

51일째 130쪽 / 131쪽

괄호 안에 올바른 띄어쓰기를 찾아 ○를 표시해 보세요.

오늘은 전학생이 있어요!
자, 모두 환영의 박수~
꾸리는 간단히 자기소개 해 줘!
짝짝
와아~~
짝짝

안녕, 반가워 얘들아!
너희들을 만나서 정말 기뻐.
(너희와 같이/너희와같이)
놀고 싶어.

내 꿈은 우리
(부모님 같이/부모님같이)
멋진 너구리가 되는 거야.

취미는 음악 듣기인데
(발라드 같이/발라드같이)
조용한 노래를 좋아해!
앞으로 잘 부탁해!
환영해~

다음 중 올바른 띄어쓰기를 찾아 ○를 표시해 보세요.

오늘 (**엄마랑 같이**) 엄마랑같이 맛있는 거 먹으러 가자.
(**경복궁같이**) 경복궁 같이 멋진 궁궐이 남아 있어 좋아요.

바르게 따라 써 보세요.

❶ 얘들아, 같이 놀자!
❷ 나는 우리 엄마같이 멋진 사람이 되고 싶어.
❸ 미주랑 같이 학원에 다니니까 너무 재미있어.

불러 주는 문장을 잘 듣고, 받아쓰세요.

❶ 우리는 ∨ 뭐든지 ∨ 같이 ∨ 해요.
❷ 나랑 ∨ 같이 ∨ 가자.
❸ 나는 ∨ 지우같이 ∨ 착한 ∨ 친구가 너무 ∨ 좋다.

거야, 걸

52일째 132쪽 / 133쪽

괄호 안에 올바른 띄어쓰기를 찾아 ○를 표시해 보세요.

광수도 같이
(가는거야/가는 거야)?

그냥 우리 둘이

조금만 더 일찍
(나올걸/나올 걸)!

다음 중 올바른 띄어쓰기를 찾아 ○를 표시해 보세요.

숙제 좀 미리미리 (**할걸**) 할 걸 .
읽을걸 (**읽을 걸**) 준비해 오길 잘했어.

바르게 따라 써 보세요.

❶ 누나가 지금은 너보다 훨씬 클 거야.
❷ 차라리 걸어서 갈걸.
❸ 내가 먹을 걸 준비했어.

불러 주는 문장을 잘 듣고, 받아쓰세요.

❶ 너도 ∨ 꽤 ∨ 잘하는걸?
❷ 버스는 ∨ 이미 ∨ 떠났을걸.
❸ 음식이 ∨ 부족할 ∨ 걸 ∨ 생각 ∨ 못했어.

만, 지

53일째 134쪽 / 135쪽

라희의 방학 일기입니다. 선생님이 되어 밑줄 친 부분을 바르게 고쳐 보세요.

2021년 2월 12일 금요일 날씨

제목: 즐거운 설날~

방학 ㉠한지 벌써 한 달이 넘었다. 오늘은 바로 즐거운 설날이다!!! 거의 ㉡일 년만에 할머니를 뵈러 간다. ㉢맛있는걸 많이 먹을 수 있겠지?

㉠ 한 지 ㉡ 일 년 만에 ㉢ 맛있는 걸

다음 중 올바른 띄어쓰기를 찾아 ○를 표시해 보세요.

우리가 (친구 된 지) 친구 된지 벌써 일 년이 넘었어.
시험 시작한 지 (삼십 분 만에) 삼십 분만에 다 풀었어.

바르게 따라 써 보세요.

1. 일기를 안 쓴 지 벌써 일주일이 넘었다.
2. 개학한 지 아직 하루밖에 안 지났어.

불러 주는 문장을 잘 듣고, 받아쓰세요.

1. 우리 ∨ 만난 ∨ 지 ∨ 벌써 ∨ 50일!
2. 할머니가 ∨ 돌아가신 ∨ 지 ∨ 벌써 5년이 ∨ 넘었어.
3. 강아지 ∨ 쫑이가 ∨ 집을 ∨ 나간 ∨ 지 ∨ 사흘째야.

만큼

54일째 136쪽 / 137쪽

괄호 안에 올바른 띄어쓰기를 찾아 ○를 표시해 보세요.

다음 중 올바른 띄어쓰기를 찾아 ○를 표시해 보세요.

아무리 애써도 영어는 (국어만큼) 국어 만큼 성적이 오르지 않아.
누구든지 노력한만큼 (노력한 만큼) 보상받으면 좋겠다.

바르게 따라 써 보세요.

1. 먹은 만큼 운동할 거야.
2. 너만큼 착한 사람은 아마도 없을 거야.
3. 나를 이렇게 챙겨 주는 사람은 너뿐이야.

불러 주는 문장을 잘 듣고, 받아쓰세요.

1. 장훈이만큼 ∨ 키 ∨ 크고 ∨ 싶어.
2. 그만큼 ∨ 했으면 ∨ 됐어.
3. 힘들었던 ∨ 만큼 ∨ 기쁨도 ∨ 커.

못 하다, 못하다

55일째 138쪽 / 139쪽

다음 중 오디션에서 노래를 못 한 사람을 골라 보세요.

① 미나 ②(○) 나영 ③ 은호

다음 중 올바른 띄어쓰기를 찾아 ○를 표시해 보세요.

나는 철봉 턱걸이를 잘 (못해)(○) / 못 해 .
어제 너무 아파서 숙제를 못했어요 / (못 했어요)(○) .
차마 그건 말하지 (못했어)(○) / 못 했어 .

바르게 따라 써 보세요.

① 아직 발표를 못 했어.
② 너무 긴장해서 평소보다 말을 못했어.

불러 주는 문장을 잘 듣고, 받아쓰세요.

① 나는 ∨ 음치라 ∨ 노래를 ∨ 못해.
② 아직 ∨ 전화를 ∨ 못 ∨ 했어.
③ 아직 ∨ 내 ∨ 차례가 ∨ 안 ∨ 와서 ∨ 공연을 ∨ 못 ∨ 했어.

밖에

56일째 142쪽 / 143쪽

밑줄 친 문장 중 띄어 쓰는 '밖에' 앞에 V를 표시해 보세요.

다음 중 올바른 띄어쓰기를 찾아 ○를 표시해 보세요.

엄마가 올 때까지 (집 밖으로)(○) / 집밖으로 나갈 수 없어.
나 지금 지갑에 (오백 원밖에)(○) / 오백 원 밖에 없어.

바르게 따라 써 보세요.

① 숙제한 사람 나밖에 없어.
② 학교 밖에서 드라마 촬영 중이래!
③ 오늘 너무 추우니까 집 밖으로 절대 안 나갈 거야.

불러 주는 문장을 잘 듣고, 받아쓰세요.

① 진짜 ∨ 너밖에 ∨ 없다.
② 교실 ∨ 밖에 ∨ 가서 ∨ 손 ∨ 들고 ∨ 서 ∨ 있어라.
③ 왜 ∨ 이거밖에 ∨ 안 ∨ 먹었어?

이다

57일째 144쪽 / 145쪽

다음 중 띄어쓰기가 틀린 사람을 골라 보세요.

① 유나 ② 아린 ③ 지수 ④ 채영

다음 중 올바른 띄어쓰기를 찾아 ○를 표시해 보세요.

한마디도 하지 않은 것은 너무 (화나서이다) 화나서 이다 .

아무리 귀한 (자식이라도) 자식 이라도 혼낼 때는 혼내야 한다.

바르게 따라 써 보세요.

❶ 서울은 우리나라 수도이다.

❷ 나의 보물 1호는 강아지 인형이다.

❸ 내 친구 수빈이는 유명한 아역 배우이다.

불러 주는 문장을 잘 듣고, 받아쓰세요.

❶ 이 ∨ 그룹은 ∨ 가요계의 ∨ 떠오르는 ∨ 별이다.

❷ 지성이면 ∨ 감천이다.

❸ 승훈이는 ∨ 열 ∨ 살이다.

큰 형, 큰형

58일째 146쪽 / 147쪽

올바른 띄어쓰기에 ○를 표시해 보세요.

우리 중 키가 가장 작은형 (작은 형) 이 우리 (큰형) 큰 형 입니다.

키가 제일 큰형 (큰 형) 이 (작은형) 작은 형 이고요.

다음 중 올바른 띄어쓰기를 찾아 ○를 표시해 보세요.

지난주에 우리 집 장남인 (큰형) 큰 형 이 집에 왔어.

저 형은 우리 학교에서 키가 가장 큰형 (큰 형) 이야.

바르게 따라 써 보세요.

❶ 나보다 키가 큰 형

❷ 우리 큰형은 19살이야.

❸ 큰형과 작은형은 1살 차이인데, 매일 싸운다.

불러 주는 문장을 잘 듣고, 받아쓰세요.

❶ 몸집이 ∨ 큰 ∨ 형은 ∨ 무서워.

❷ 맏이인 ∨ 큰형은 ∨ 잘생겼다.

❸ 키가 ∨ 가장 ∨ 큰 ∨ 형이 ∨ 힘도 ∨ 제일 ∨ 세다.

터

59일째 148쪽 / 149쪽

올바른 띄어쓰기를 찾아 ○를 표시해 보세요.

2021년 5월 21일 금요일 날씨

제목: 행복한 수학여행

우리 반은 경주로 수학여행을 왔다.
옛날에 절이 있던 곳을 구경하고,
신라의 옛 (궁궐터) 궁궐 터 도 보았다.
시간이 더 많았다면 좀 더 많은 곳을 둘러볼 수
있었을텐데 (있었을 텐데). 조금 아쉬웠다.

다음 중 올바른 띄어쓰기를 찾아 ○를 표시해 보세요.

내일은 꼭 축구를 (할 테야) 할테야.
내일 비가 오지 않으면 놀이공원에 (갈 텐데) 갈텐데!

바르게 따라 써 보세요.

❶ 일찍 자고 일찍 일어나야 키가 더 클 텐데.

❷ 신석기 사람들이 머물던 터예요.

불러 주는 문장을 잘 듣고, 받아쓰세요.

❶ 나는 ∨ 학원에 ∨ 갈 ∨ 테야.

❷ 우리 ∨ 집은 ∨ 아주 ∨ 좋은 ∨ 터에 있대요.

❸ 나라면 ∨ 저 ∨ 피자를 ∨ 혼자 ∨ 다 먹을 ∨ 텐데!

한 번, 한번

60일째 150쪽 / 151쪽

괄호 안에 올바른 띄어쓰기를 찾아 ○를 표시해 보세요.

다음 중 올바른 띄어쓰기를 찾아 ○를 표시해 보세요.

곱창은 (한 번) 한번 도 먹어 본 적 없어.
어렵더라도 한 번 (한번) 도전해 볼래요!

바르게 따라 써 보세요.

❶ 그 노래는 한 번도 안 들어 봤어.

❷ 이거 한번 해 볼래?

불러 주는 문장을 잘 듣고, 받아쓰세요.

❶ 한 ∨ 번만 ∨ 더 ∨ 까불면 ∨ 가만히 안 ∨ 있는다!

❷ 어디 ∨ 한번 ∨ 해 ∨ 보시지!

❸ 난 ∨ 햄버거 ∨ 딱 ∨ 한 ∨ 번 ∨ 먹어 봤어.

쉬어가기 1

24쪽 / 25쪽

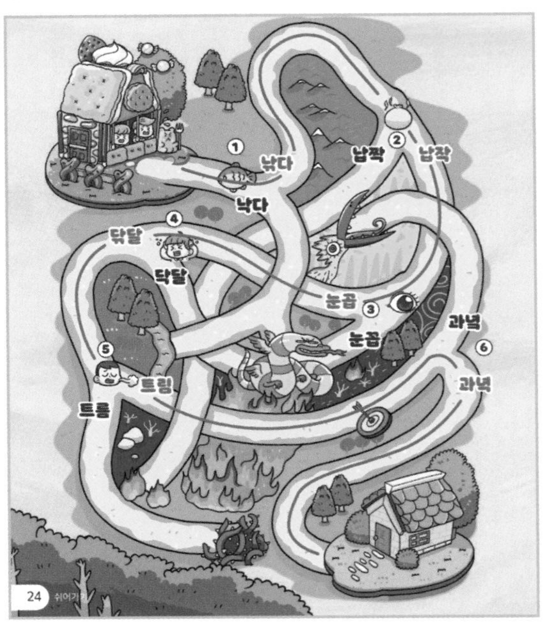

쉬어가기 2

38쪽 / 39쪽

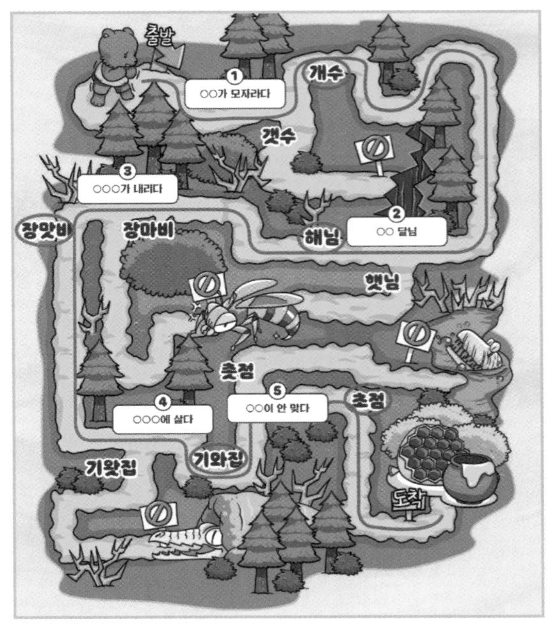

안	성	맞	춤	니	사
성	아	베	참	는	겨
마	어	이	없	다	주
춤	의	레	뵈	방	귀
봬	없	리	요	구	고
요	다	사	귀	어	기

쉬어가기 3

52쪽 / 53쪽

낫	역	할	벌	오	왼
생	활	베	참	온	갖
연	퍼	오	랫	만	에
거	주	랜	무	얼	기
푸	게	만	묻	굴	안
이	해	에	귀	펴	같

쉬어가기 4

76쪽 / 77쪽

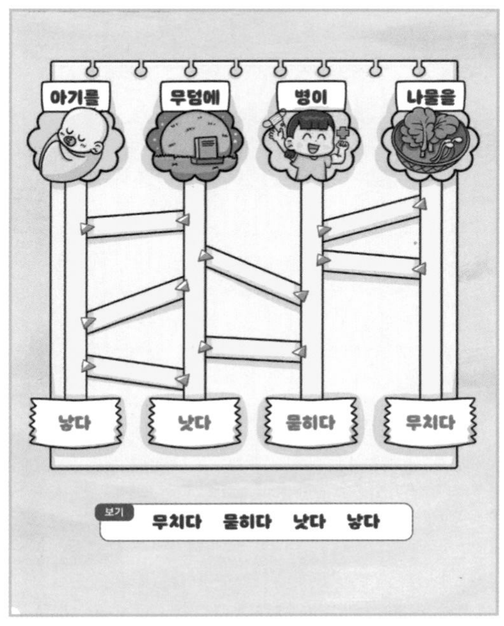

1. □ 안에 들어갈 받침이 같은 것끼리 선으로 이어 보세요.
아기를 나[ㅎ]다.
오늘은 기온이 나[ㅈ]다.
난 여름보다 겨울이 나[ㅅ]다.
감기가 잘 나[ㅅ]지 않는다.
엄마의 구두는 굽이 나[ㅈ]다.
우리나라가 나[ㅎ]은 노벨상 수상자
2. □ 안에 들어갈 자음이 같은 것끼리 선으로 이어 보세요.
학교에 가[ㅆ]다.
지갑 좀 가[ㅈ]다 줘.
길이가 똑가[ㅌ]다.
음식이 [ㅆ]석다.
자동차를 [ㅌ]타다.
백 점을 마[ㅈ]았다.

쉬어가기 5

90쪽 / 91쪽

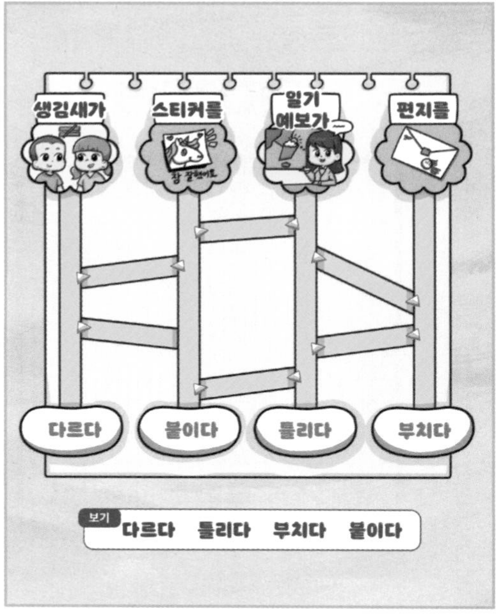

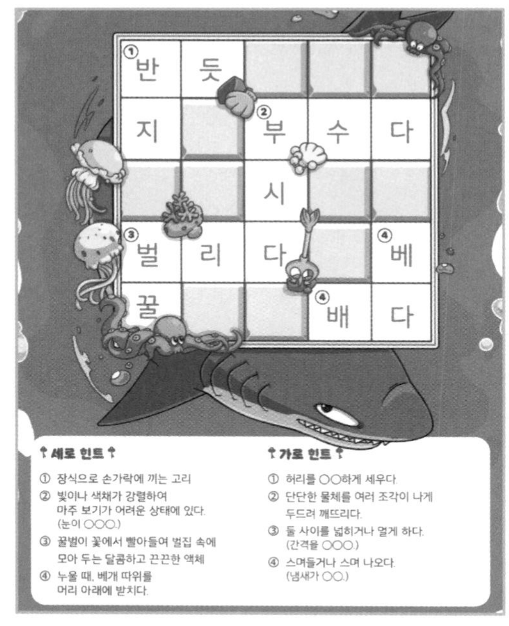

쉬어가기 6

104쪽 / 105쪽

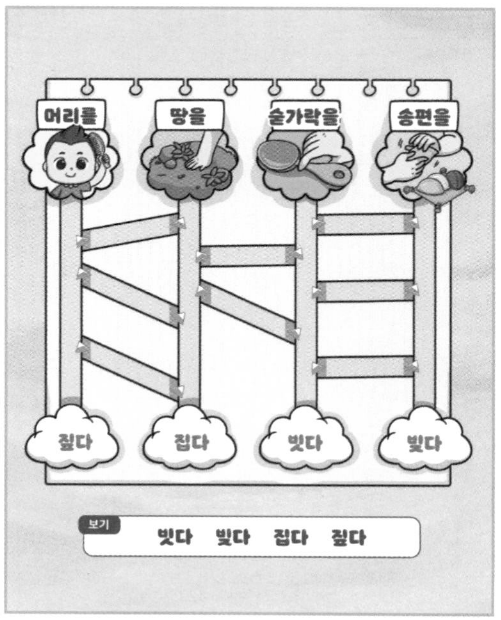

①엎 ④섞 ④다
①다 이 ②어 트 림
떡 질
해 ③쌓
이
③어 지 럽 다
세로 힌트
① 밥상을 뒤집어○○.
② 유나 진짜 화났나 봐! ○○○!
③ 여러 개의 물건이 겹겹이 포개어 얹어 놓이다.
④ 다리미로 옷이나 천 따위를 다리는 일
가로 힌트
① 체중을 줄이거나 건강의 증진을 위해 제한된 식사를 하는 것.
③ 몸을 제대로 가눌 수 없이 정신이 흐리고 얼떨떨하다. (머리가 빙글빙글 ○○○○.)
④ 두 가지 이상의 것을 한데 합치다. (우유와 초코 가루를 ○○.)

118쪽 / 119쪽

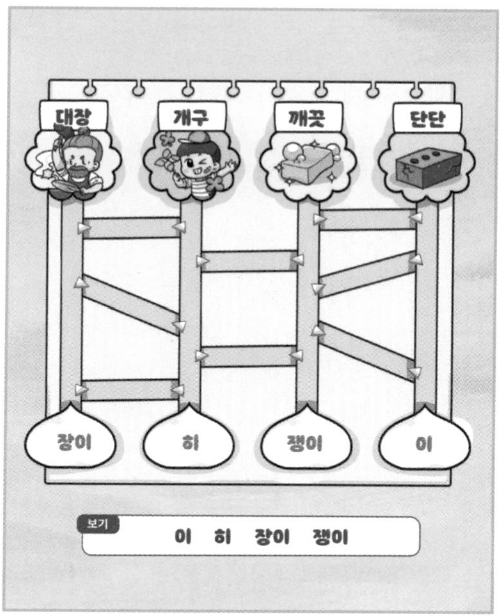

저
리
있 다 가
웃 옷
잃
조 리 다
세로 힌트
① 무릎을 꿇고 앉았더니 다리가 ○○○.
② 위에 입는 옷 (↔아래옷)
③ 물건이 없어지다. (지갑을 ○○.)
가로 힌트
① 카페에 ○○○ 밥 먹으러 가자.
② 맨 겉에 입는 옷
③ 양념을 한 고기나 생선, 채소 따위를 국물에 넣고 바짝 끓여서 양념이 배어들게 하다. (생선을 ○○○.)

쉬어가기 8

140쪽 / 141쪽

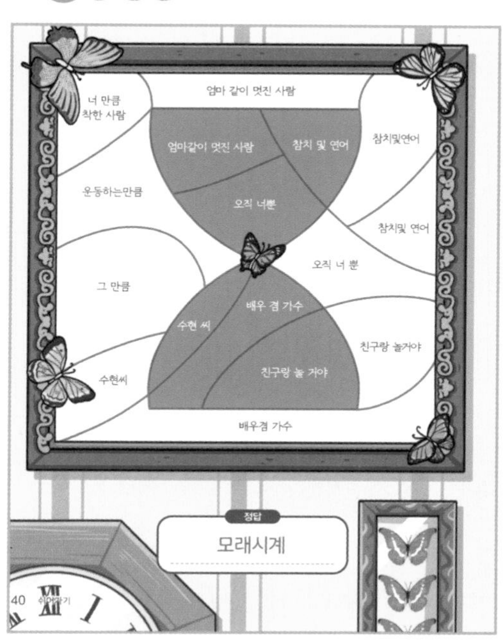

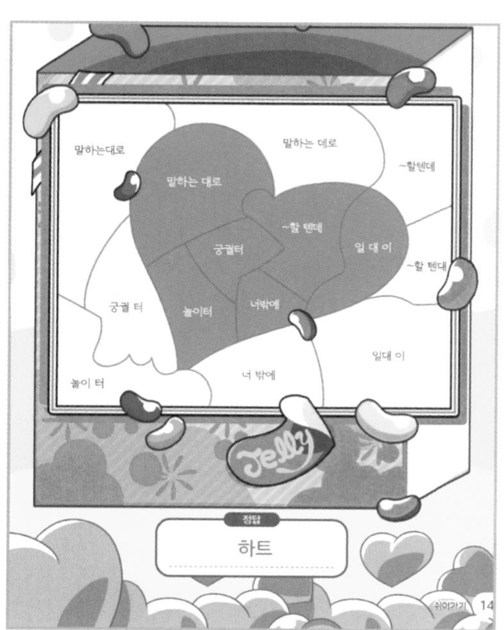

찾아보기

1. 자주 틀리는 맞춤법

2. 알쏭달쏭 헷갈리는 맞춤법

3. 바른 뜻을 전하는 띄어쓰기

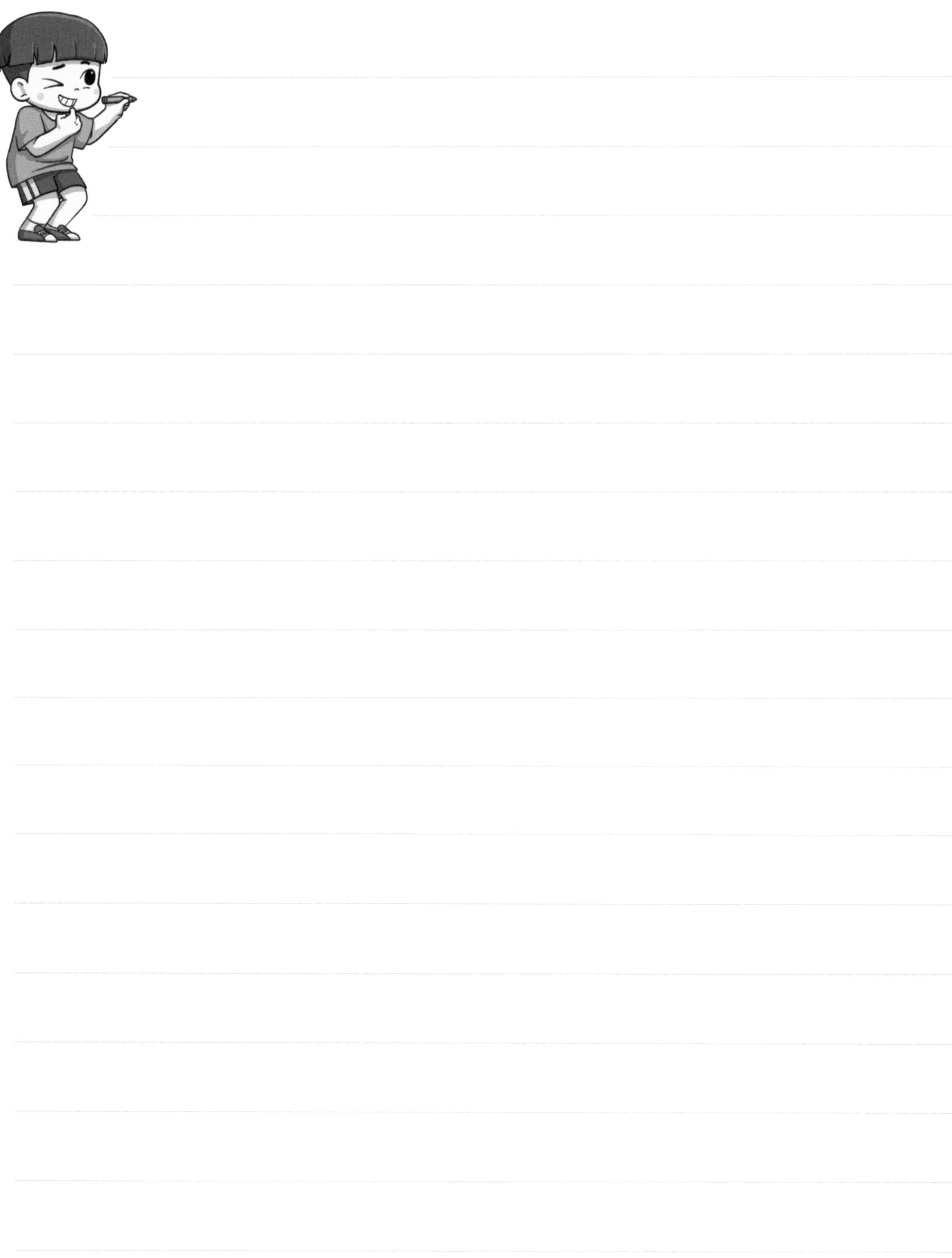